極簡實用記憶

從大腦簡單練習開始，讓你記更多，忘更少！

Practical Memory

A Simple Guide to Help You Remember More & Forget Less in Your Everyday Life

羅布列——著　鹿憶之——譯

I. C. ROBLEDO

目次

Chapter 2
記憶力訓練

Chapter 3
建立新的記憶

Chapter 4
恢復「失去的」記憶

Chapter 5
記憶的外部化

Chapter 6
地理和旅行的記憶

Chapter 7
結論性思考

前言　實用記憶緒論

「從某種意義上來說，他想，我們都是由記憶所組成的。我們的個性是由記憶所建構的，我們的生活是由記憶所組織的，我們的文化建立在共同記憶的基礎之上，稱為歷史和科學。」——諾曼（Norman），麥克．克萊頓小說《地動天驚》（Michael Crichton, *The Sphere*）主角之一。

這個世界需要多一本記憶書嗎？

你大概已經注意到，市面上還有許多其他書籍可幫助你的記憶力，其中有部分是記憶專家或記憶競賽冠軍的著作。所以問題是，為什麼你還需要另一本關於記憶力的書籍？關於記憶的主題，記憶專家和記憶冠軍沒有將所有內容說完嗎？

其實，這些書籍的確缺乏一些技巧，這些技巧是關於我們大多數人平時經常需要記住的事，如何能夠以實用的方式來改善記憶。

或許這本書可能無法幫助你贏得記憶競賽冠軍，或者展現驚人的記憶力表現，使親友印象深刻，但可預期的是對你在日常生活中遇到的記憶問題確實能有所幫助。

一切關於記憶常見的問題，其中很多在其他記憶相關書籍中並沒有寫出解決辦法，在本書中卻處理得乾乾淨淨。其中包括忘記停車位置、進房間卻忘記要做什麼、鑰匙和錢包放在哪裡、忘記自己剛剛在想什麼等，各種情況全都在本書中一一詳述，除此之外還有更多。

這本書是寫給誰看的？

如果你擔心自己的記憶力變糟了，想要一種現在馬上立刻能夠幫助你開始提高記憶力的實用參考書籍，這本書就是寫給你的。

也許你沒有興趣花費大把時間學習非常詳盡的記憶技巧，相對的，你想要的是學會快速簡單的策略，以便立即在生活中可以加以運用。如果是這樣，你會發現這本書非常有用。

往下繼續閱讀的另一個原因是，你想要的是強化記憶的弱區！我們有些人天生擅長記憶數字，卻記不住臉孔；或者你對地點的記憶力很強，找得到路，卻記不住購物清單上的項目。無論如何，這本書都是一個重要的指南，可以幫助你改善記憶弱區，排除生活上的疑難雜症。

實用記憶的意義是什麼？

我想，「實用」這兩個字的意義，相信大家都了解。我所獲得的生活經驗愈多，對於實用法則的評價愈高。意思是說，運用一種法則，可以讓你找到有效的行動，以確實達成你所想要得到的結果。大多數人想要的結果，是對我們日常生活有幫助的結果。我們不是在尋找過於困難、無法應用的建議，或僅在極少數情況下適用於極少數人的建議。

實用記憶法則是保持簡單。我們不是要一種複雜的系統，沒有必要為了學習這種系統比實際記住一件事物花費更多的時間。這個法則是要你將記憶力集中在生活最重要的部分，是你真正需要了解的部分，這也代表你需要知道什麼部分是不必記住的。我的見解或許與一些人相反，但我認為目標不應該是要記住所有的事。不重要或很容易用其他方式記錄的訊息，不一定需要記憶。藉由實用法則我們可以了解。記憶是一種工具，可藉由磨練來幫助你以更明智的方式記憶。

在本書中你不會看見關於記憶理論的探討。記憶是個有趣的主題，但如果你想進一步了解記憶的型態、關於記憶如何運作、記憶的生物性本質等，可以到其他地方尋找更好的答案。雖然我相信這個領域很有趣，也歡迎大家進一步了解，但本書的重點在於幫助你增進記憶力。在此我只會簡單地將方法呈現給你，而不會詳細介紹這些記憶技巧的運作原理，你可以很快地將技巧加以應用並立即看見效果。

如果本書的重點在於，建立更好的記憶需要有一種實用法則，那麼這些記憶的技巧應該從何而來？從記憶專家嗎？根據我的經驗，由於記憶專家耗費數年時間學習和應用精細複雜的系統，在你剛開始接觸這種錯綜複雜的記憶方式時，會容易感到不知所措。

我在此要用一種類比，就好像你開始學習武術，卻遇見一位武學大師，他想要把一身絕學傳授給你，而你卻完全招架不住。事實上，武術初學者最好是從簡單有效的自衛課程開始，這樣你才能更加聚焦於真正需要了解的事物，而不是用複雜的技術使你無法招架。這本書就像一堂自衛課程，告訴你提升記憶力必須知道的最重要的事，而不是使你無法招架。

記憶實際上不見得一定要非常複雜。我自年幼起，就對心智、智能，當然還有記憶，有著濃厚的興趣，還有要如何在這些有興趣的領域中求得進步。我一直都很注意人們不經意說出自己用來記憶的一些技巧或重點。

我經常發現人們在實際生活中所用的各種記憶技巧類型，比記憶專家所提出的更好、更可靠。隨著時間的推演，我認識到，這些具有傑出記憶力的真實人物，他們的記憶技巧和祕訣，應當要有人將之完全彙整。這就是本書的目標。這些技巧和祕訣往往簡單易用，當然也很有效，實用二字當之無愧。

在你的閱讀過程中，可能會認為其中一些技巧和祕訣是理所當然的，可以說屬於「常識」。我要提一句法國哲學泰斗伏爾泰所說的話，我很喜歡。他說：

「常識並不常見。」

儘管你可能認為一些技巧和祕訣是理所當然的，但對其他許多讀者來說卻可能是新的。在我們的生活中，很容易錯失這些技巧和祕訣，而且從沒想過要認真學習，因此造成記憶變得很困難。事實上，記憶一點都不難。本書旨在幫助你把困難變簡單。如果你已經知道其中某個祕訣，非常好！但請記住，很多人的問題點在於忽視它。提高記憶力的學習，應該從這裡開始。

我的記憶力故事

許多年前，當時我開始上研究所課程。過了幾週，我注意到自己遇到了重大的記憶問題，問題非常糟糕，造成我在形成新記憶與學習方面產生很多麻煩。我經常必須請別人重複說明，也經常因為記不得參加過的會議內容而一遍又一遍重複看筆記。這是我人生第一次遇到這樣的問題。我很擔心，所以預約了醫師門診。

到了診所，醫師問我很多問題，我才知道當時問題的發生有著多重因素。

1、注意力問題

在我記憶問題的核心，確實，我在專注方面有一些問題，我無法保持專注。

2、睡眠問題

我工作負擔很重，難以應付，因此無法成眠。晚上我經常只能睡兩個小時，而且白天根本沒有時間休息或者睡午覺。

3、飲食習慣問題

我習慣不吃早餐，有時會吃優格，不過胃口不太好，所以吃得比平常要吃得少。

4、壓力問題

我搬到一個陌生的新環境生活，在新的州、新地區，沒有朋友和家人。此外，我還有許多工作要做，工作量之大前所未有，而且我還督促自己要快速學會很多東西。我想要表現出有良好的抗壓性，造成了我過大的壓力。

就診後讓我瞭解，我的記憶力很差，但有很多其他因素也可能導致這種狀況。由於高度壓力，造成睡眠不佳、飲食習慣不良，進而導致注意力不集中。缺乏專注度，自然就不會有良好的記憶力。這裡的重點在於，記憶力會受到生活中各種層面的影響。如果你的記憶力不如所想的那麼好，不妨探討一下其他的重要因素，包括注意力、睡眠、飲食和營養、壓力程度等。

為了提供更多理論支持，而不僅僅是我個人的故事，我們一起來思考法比尼博士（Dr. Fabiny）在《哈佛健康雜誌》的一篇文章〈充分運用記憶力的祕訣〉（Tips to get the most from your memory）曾說過類似的話：「睡眠充足、減輕壓力、諮詢醫師是否為藥物服用的影響，此三者都是破壞記憶力的潛在可能性。」

為使我的故事圓滿結束，醫師開立藥物來幫助我睡眠，此外，我還必須學會控制壓力。把事情說出來、靜坐和呼吸練習都有幫助。我花了一些時間，經過不斷努力改進，記憶確實有所進步，最後終於恢復正常狀態。經過許多年，即使到了現在，我還能夠進一步提升記憶力，而你很快就能從書中讀到這些祕訣。

之所以我把自己的記憶力故事放在本書最前面來談，原因在於你需要先確定生活中的各種層面是否也有同樣的問題。如果你的注意力、睡眠、營養和壓力都很差，很可能就會出現記憶力問題。

你真的忘記了嗎？

回答問題時，人們經常會說「我不記得了」，但這個答案通常不太準確。從這裡開始，以後當你忘記，請自問「我真的忘記了嗎？」或許可能是其他原因所造成，而不僅僅是你的記憶。

在我上面的故事中，影響記憶的直接問題，事實上是我的注意力不集中，而我的注意力不集中，又是來自於壓力、睡眠不足和營養不良所造成。

如果你在接收訊息時缺乏注意力，代表你對想要記住的內容沒有形成清楚的認識。然而發展這種清楚的認識非常重要，日後你才能回想起來，否則回想的時候會變得像霧裡看花一樣，細節模糊不清。如果你經常失去焦點和注意力，首先你需要的是克服這些問題，記憶力才會改善。

如果你想記住，也需要意圖。我們每天都被許多訊息轟炸，會造成我們精疲力盡。因此，如果你真的想要記住，你就必須要有意記住。如果對你來說似乎沒什麼特別重要的大事，你也無意記住，那麼你就記不住。不但會忘記，也忘得快。

除此之外，你還需要能夠組織統整，這麼做將有助於建立理解。我們不是電腦，電腦可以記住（或者至少記錄）所有內容，卻不理解。人們需要對訊息有所理解，否則會缺乏意義，變得無法記住。組織訊息有助理解，並使訊息具有意義，有助記憶。

我想講一個簡單的故事，告訴你理解對記憶的重要性。我上小學的時候，有一次考試，我必須記住一系列無意義的音節，也就是說，那些都是沒有意義的英文字，如om、sem、tog等。一開始考試我就發現我一個字都記不住，非常苦惱。原因是，我沒辦法理解這些無意義的字，對我來說它們只是胡說八道，所以我忘記的速度和記憶一樣快。

這裡要講的道理很簡單。理解是建構記憶的關鍵。有些人計畫記住一切，不在乎是否理解。如果你這樣做，會造成學習過程比實際所需的更加困難。

你是否想過，為什麼成年人不記得幼年時期的事？我相信其中很大一部分原因是幼兒缺乏對世界的基本認識，因此缺乏強烈的記憶。我認為早期童年的意義是要給孩子一個基本的理解，讓孩子能夠開始發展記憶。當然，學習第一種語言是理解的關鍵工具。

底線很簡單，在歸咎記憶力不好之前，必須要先有良好的注意力、意圖、組織統整和理解。因此，你的記憶可能並非你所想的那麼糟糕。

介紹實用記憶的主要目標

你將在《極簡實用記憶》一書中實際學到什麼？在此大致敘述如下。

1、常見的記憶障礙

我們將研究一些最常見的日常記憶問題，以及如何處理的方法。

2、練習你的記憶

提高一般記憶力的練習技巧。

3、建立新的記憶

對於你最重要的領域，學習如何建立新的記憶。

4、恢復「失去」的記憶

當你似乎無法記住某些事物，有一些祕訣可幫助你恢復失去的記憶。

5、外部記憶

運用外部設備或資源幫助記憶的理由、方式和時機。

6、地理和旅行記憶

記住方向、旅行路線、不再迷路的祕訣。

請注意，本書的閱讀順序由你來決定，取決於你的需求。如果本書只有某些部分對你有吸引力，可以直接翻到那些部分閱讀。因此，有些部分會有重複，這是為了確保你能夠獲得需要的完整內容。如果你是從頭閱讀到尾，也請記住，這種重複不見得是壞事，或許反而是有用的，因為你會發現書中多次討論的部分，可能是更重要、更值得記住的。

繼續往下閱讀之前……

為了表示我對你閱讀本書的感謝，希望你能下載這份英文版的免費指南：學習動起來：學習任何科目的免費工具（Step Up Your Learning: Free Tools to Learn Almost Anything）

http://mentalmax.net/EN

你是否想要知道最好的學習網站和資源？為確認哪些網站值得，哪些不值得，需要花費時間和精力。因此我希望這份指南能節省你一點時間，這樣你就可以把時間放在學習，不必浪費時間搜尋網際網路。

過去十多年來，展開了一場自由學習的革命。有愈來愈多的學習資源向大眾免費開放提供。新的資源不斷出現，很容易錯過一些良好的學習機會。幸運的是，這份指南很簡短，一共約四千個字，都是你最需要知道的內容。

這份指南源於我自己使用各種學習網站和資源的經驗。你會在裡面發現免費學習的最佳資源。此外，我將根據你的學習目標，說明哪些資源最適合你。

你可以在瀏覽器中鍵入網址，以PDF格式下載免費指南：

http://mentalmax.net/EN

現在，讓我們回到本書主題。

CHAPTER 1

最常見的記憶障礙

我經常聽見人們抱怨記憶的問題：忘記名字、車停在哪裡、每天用的東西不知道放在哪裡等等。我確信你看過這類情形，或甚至就是你自己的經驗。這些常見的記憶障礙有時描述為「老人時刻」，指的是你想不起來原本應該知道或記得事物的時刻。名稱可能會讓你以為這種情形比較常見於老年人，然而，一項趨勢機器（Trending Machine）進行的全美民意調查發現，在八百位成年人中，所謂的「老人時刻」如今在年輕人身上比老年人要更加常見。

根據民意調查，千禧一代（十八～三十四歲）明顯比五十五歲以上的老年人，更容易忘記今天的日期（十五％比七％）、遺失鑰匙（十四％比八％）、忘記帶午餐（九％比三％）、忘記洗澡（六％比二％）。而老年人唯一明顯比較容易忘記的是名字（二十三％比十六％）。

面對這類數據，我們必須小心謹慎，不要假設記憶問題只發生在老年人身上。年輕人可能有記憶問題的一個原因是，現在的人比較不依賴記憶力，因為已經習慣利用智慧手機和電腦儲存或搜尋訊息，而不是靠自己的記憶。

運用記憶力非常重要，因為記憶力愈訓練會愈強壯，相對的，缺乏運用則會變弱。

在本章節中，我們將探討各種不同年齡群組和各種族群在記憶方面常見的問題。不要認為聰明的人可以免受記憶障礙的影響，因為我親眼看過那些聰明人和其他人一樣，經常有記憶問題。事實上，每個人三不五十都會發生記憶失誤，所以我們應該要先學會如何處理這些問題。

1 我的車停在哪裡？

在《與愛因斯坦月球漫步》（*Moonwalking with Einstein*）一書中，作者約書亞．福爾（Joshua Foer）只是個普通人，但因為接受過特殊的記憶訓練，後來在二〇〇六年贏得美國記憶錦標賽冠軍，令人感到驚奇，因為他的競爭對手是一群似乎具有超自然記憶力的人。不過事實證明，他的競爭對手實際上經過嚴格的訓練，建構了記憶力。這些競爭對手經過多年訓練，但約書亞僅在英國記憶大師艾德．庫克（Ed Cooke）指導下訓練了約一年時間。

在書中最後，福爾揭示，即使在贏得這場記憶競賽之後，他還是會忘記自己把車停在哪裡。讀過那本書的人或許會覺得，如果你能贏得比賽卻還是忘記車子停在哪裡，可見學習改善記憶是沒有用的。但事實上，這只是證明了注意力和意圖的重要性。你必須注意，必須有想要記住的意圖，否則可能就會忘記。約書亞．福爾簡單地向我們證明了，只因為你善於記住某些事物（例如一副牌的順序），並不表示你能記住所有事物。

很多人都有車，而且我們通常都記得停在哪裡，但有些事比忘記最寶貴的資產放在哪裡更令人惱怒。現在，讓我們從這裡開始，介紹一些如何避免這些問題的祕訣。

回頭看

你將需要從不同的角度來處理車子停放位置的問題，例如離開車子幾步之後回頭看，因為這樣可從另一個角度看車子的位置。當你回頭看時，應該要注意車子附近是否有什麼明顯的事物。不要太注意周圍的車子，因為在你回來之前，這些車可能都開走了。

有趣的是，我們許多人都會把車停妥，但思緒遊走在其他想要做的事情上。也許我們正在購物，或探索新的地區，或其他事情。我們急於前進，所以不會回頭用另一個角度觀察車子。

不幸的是，這表示你實際看到車子的唯一時刻，就是停車時。你離開時不會再回頭看車，因此很難建立一個完整的心理圖像，顯示車子停放的正確位置。當然，在尋找車子時，你需要知道的重要事項，是走回車子的路徑，而不是離開車子的路徑。回頭看是一種幫助解決這個問題的方法。

記住停車位置

如果你忘記停車位置，請試著回想是哪個區域，想想停車場的行列或走道。我們都知道，通常停車場是一排又一排車子的重複模式，因此很難找到有什麼特殊事物可以讓我們想起來車子停在哪裡。因此，我建議要注意走道的末端。停車位置的一端通常會導引你前往要去的地方，例如商店；另一端則連到其他地方，可能什麼都沒有，也可能有餐廳或其他商店。要觀察車子所在位置的走道末端有什麼，並試著記住。

如果你記得車子停在哪一排，應該能夠找到車子。這是因為通常我們至少對停放在哪一排的距離有大致的了解。既然我們已經走過一次，往往會記得走過多遠。問題是我們經常會忘記是哪一排，畢竟停車場看起來大都很相似。請努力記住車停在哪一排，以及那一排的末端是什麼，因為這是少數你可以用來幫助記憶停車位置的特徵之一。我確信，我們都有過這種經驗，只差一排卻找不到車子，讓人不由得發火，因為即使距離這麼近，但有很多車擋住視線，通常很難看到你的車。

拍一張照片

另一種選擇是拍攝停車位置的照片，或者寫一則簡訊給自己。如果你在一間巨型停車場，有大量的停車排數和編號，也有許多樓層，這可能不是測驗你記憶力的適當時刻。如果你這樣做，風險就是根本找不到車子。這類停車場往往是你可能會長時間停車的地方，例如機場或大型購物中心。當然，問題是，停車時間愈長，愈有可能忘記停車位置。基於這些理由，我建議你必須確實記錄你的停車位置。注意樓層、行列、區段、任何數字等。你可以發簡訊或拍照，傳給自己。如果手機電池電量不足，請務必將訊息發送給其他人，最好是和你一起的同伴（他們也可以自己拍照發簡訊）。另外提示，你可將手機設定為「省電」模式，延長電池壽命。

2 再說一次姓名

忘記別人的名字是一個很常見的記憶問題。當我們才剛認識一個人，情況會更糟。實際上，專注於記住某人姓名的最佳時機，卻是在見面的時刻。當有人介紹你認識新朋友時，下面的技巧會有幫助。

你認識名字類似的人嗎？

當你遇見新朋友，過去認識名字類似的人，可幫助你記憶，可將這些名字類似的人用某種方式連接在一起。新朋友是否提醒你聯想到其他名字類似的人嗎？他們的外表、年齡、專業或任何方面，具有相同之處嗎？即使他們彼此不同，思考他們不同的差別，日後亦有助你記住他們的名字。事實上，試圖記住具有類似名字的不同人物，亦可幫助你增強對某人的記憶。

這個名字讓你聯想到什麼？

當你學習記憶一個不太熟悉的新名字，或者你個人並不認識其他名字類似的人時，這個名字讓你聯想到其他什麼事物呢？可以幫助你思考。例如，如果你遇到一個英文名叫蒙提（Monty）的人，但不認識其他任何有這個名字的人，你該怎麼辦？這個名字讓你想到什麼？

對我來說，Monty很像英文的mount，mount是山的意思。為了協助記住這個名字，可以在腦海中想像山的圖畫，我想的是對方戴著一頂看起來像山的帽子。如果有幫助，你甚至可以把山帶入談話。例如，你可以問對方是否小時候在山區附近長大。這些類型的連結，有助你日後回想姓名。

大聲說出來

儘快大聲說出對方的名字。當對方說出他們的名字時，請跟著重複說一遍。有時人們說得太快，所以如果你沒有聽清楚，那就請他們重複一遍。重複說姓名有助日後的記憶。對於你從來沒聽過、比較不尋常的名字，這更是重要的一步。如有必要，還可以詢問如何拼寫，可幫助你確定，日後才能記住。不要擔心你會讓對方感到困擾，因為對方可能反而會欣賞有人努力想要記住他們的名字。

回憶當時在場的其他名字

如果你剛認識許多不同的人，可以花一點時間環顧四周，趁這些人還在的時候，練習回想他們的名字。你想讓這些名字在腦海中保持活躍，如果你剛剛記住了許多不同的名字而不把它們放在腦海中久一點，可能會很容易忘記。要做到這一點，也許你可以和其他認識的人，就這些新人中的一個進行禮貌性的對話。當然，這讓你有機會大聲說出他們的名字，並練習回想。

如果你忘記了，也可以直接要求聚會主人或其他人提醒你。在你剛認識的這些人還在場時，形成新記憶會更容易。如果你未曾特別努力去回想他們的名字，等到你回家後，可能已經忘記那些名字。

3 我把鑰匙放在哪裡？（或電話、錢包、皮夾等）

這件事太常見。為了尋找我們自己放在哪裡的東西，人們不知道損失了多少時間。這件事很簡單，因為我們的心智經常游移在別的地方，不然就是注意力分散，造成我們無心地隨意把東西放在任何一個地方。幸運的是，這裡有一些技巧可幫助我們擺脫這種遺忘模式。

留心注意當下

如果你不喜歡這一個選項，請多多包涵，記得你把東西放在哪裡的最簡單方法之一，就是當下要留心注意，也就是要注意你當下所做的事。忘記放鑰匙的地方，是因為我們的心思放在晚餐要吃什麼，明天以前需要完成什麼工作，還有電話在響要趕快去接等等。說來容易做來難，但留心注意當下正在做的事，不要去想其他的事，記憶才能長長久久。

這種技術可以運用一些訓練或自我規範，但這些畢竟都是日常行動的小事，只要多注意一點，便可幫助我們記憶。想一想，生活大部分都是由這些日常小事所組成的。如果我們不留心，很容易啟動自動駕駛度過大部分生活，而沒有真正參與我們在做的很多事，導致我們不記得自己做過什麼。

東西放在固定位置

其實你可能根本不需要記住放東西的位置。只要有固定的位置，專門用來放鑰匙等其他容易忘記的小東西，你就不必為這種事去增加記憶的負擔。如果你常常分心或同時進行多重任務，並且無法實際期望自己留心，注意自己在做什麼事，那麼每天將你的物品放在固定位置可能是最佳選擇。這個「固定位置」是指你會想得起來的地方，可能是一個籃子，一個書桌上專門用來放某些東西、不放其他東西的地方，或任何其他你覺得方便的地方。這個策略的缺點是無法訓練你的記憶力，但可以非常肯定，你不會再遺失東西。

就是找不到，怎麼辦？

為了預防你真的掉東西，也記不得放在哪裡，接下來我要分享一些建議事項。首先，嘗試回顧你的移動腳步。你去過哪個房間？可能在車庫、倉庫、地下室、車子等位置嗎？此外，請記住尋找穿過的最後一條褲子或外套，或任何會有口袋的衣服，那些衣服有些現在可能是丟在洗衣籃裡面。如果你的辦公室或房間雜亂無章，務必檢查衣服或其他隨處亂放的東西下面，有時會遮住你想要找的東西。此外，有時你想要找的東西可能陷在沙發墊子之間，或掉落在某些物品下面，例如在床下面。除非你特別注意，否則眼睛不容易看見那些位置。請記住，如果你經常到處找自己的手機，不妨裝一些APP應用程式，有助追蹤這些經常不見的東西。

4 想不起來，我來這裡是為什麼？

你走進一個房間，不知道為什麼。你很確定是出於某種理由，是為了找東西，還是為了做什麼，但你不記得了。這裡有些技巧可幫助你釐清這個謎團。

心智回溯

為了訓練記憶力，處理這種情況的最佳方法是進行心智回溯。如果你覺得這樣做很困難，什麼都記不起來，請先進行心智回溯，然後再尋找。對你來說這件事愈困難，愈需要強迫自己記憶。透過訓練記憶力，可幫助改善你的記憶。

當發生這種情況，請將問題從「我來這裡做什麼」轉變成「我剛剛在做什麼」。剛剛做的事往往會提供最大的線索，幫助你想起要做什麼事。如果你問自己剛剛在做什麼，應該有助於提醒你那時在想什麼，以及你想要完成什麼。然後你會記起走進房間的原因。

返回提示的場景

如果你正在尋找一種解決此問題更簡單的方法，或你只是有太多記憶力問題，那麼還有第二種方法。不要走進你想要去的房間，而是回頭去做你原本在做的事。在一般情況下，手邊在做的事，會引發你想要去其他地方找東西或做某件事。例如，如果你原來在辦公室，請回去，然後繼續做剛剛在做的事；如果你在使用電腦，請查看電腦螢幕上顯示的內容。或許在你查看電腦螢幕時，會看到想要烹調菜色的菜單，然後你想起來，你去廚房是因為想要檢查一下有沒有做這道食譜所需的所有材料。雖然事情並不總是這麼簡單，但有時它就像你看到的文字或圖片一樣簡單。任何事都可能引發你去其他房間，尋找引發的原因，你便能清楚。

5 話到嘴邊卻說不出

「話到嘴邊卻說不出」這個問題是當你知道自己知道什麼，並覺得自己幾乎能夠想起來說出口，此時卻怎樣也說不出來。或許是你想不出一個詞的第一個字是什麼，或許是你想到一張臉卻記不起名字。無論是哪一種，都令人沮喪，因為你幾乎要想出來了；感覺如此接近，卻完全想不起來。

打破循環

你很容易發現自己陷入一種思維循環，不斷地回到同樣令人沮喪的想法。例如，也許你知道那個英文字的開頭是P，所以一直發出P的聲音，但在心中一遍又一遍重複這種模式，不會達到什麼目的，這不是一種重建記憶的有效方法。這麼做只會增加挫折感。你該如何打破這個循環？請參考下面的提示。

尋找關聯性

對於你想要記起來的事物，請尋找任何相關的記憶，例如人物、國家、食物、東西、音樂、名字等，都可能有關係。你想到的所有事物，都將成為幫助你的線索，回想你嘗試想要記起來的事物。例如，如果你嘗試想要記起一個樂團的名字，回憶他們的歌曲會很有幫助，在你的腦海中重播並回想歌詞。你可能會記起一些樂團的採訪，甚至他們穿什麼類型的衣服。在心中喚醒所有與樂團相關的事物，會讓你更有可能想起來樂團的名字。

從拼字和發音開始想

通常當我試圖想要記起某些事物時，話已經到了嘴邊，我想出關於那個事物的部分拼字和發音，不過卻想不起完整的樣貌。根據經驗，我的直覺往往是正確的，幫助給我一個可以想起來的出發點。

舉一個現成的例子。前幾天，我試圖要想起來《玩命關頭》（*The Fast and the Furious*）系列電影一位演員的名字，但是想得到卻說不出來。我想起字母V，但不確定是名字還是姓，所以決定要把所有V開頭的可能姓名都想一遍，後來很快就想出答案。

首先我想到Vance（萬斯），然後又想到Vince（文斯），Vince聽起來似乎沒錯，但我又無法完全確定。所以我意識到原來是Vin（馮），不是Vince，這樣一來，足夠讓我想起那個名字是Vin Diesel（馮迪索）。所以請記住，你不一定需要立刻想得出全名。通常，只要你夠接近，這麼做能幫助你獲得完整的記憶。

恢復「失去的」記憶

確實，想要把我們已經忘記很久的事物，重新再想起來，這個問題相當常見，因此我決定要另闢一個章節在本書中專門討論這件事。這些提示重點肯定能夠幫助你，讓你在遭遇話到嘴邊卻說不出來的時候，能夠有一個出發點，另外有些時候你因為想不起來而感到挫折，即使你覺得自己應該知道。後面的章節：恢復「失去的」記憶，將對你有更多幫助。

6 地址、電話號碼或出生日期？（包括其他類似的數字和細節等）

現在這種情形變得似乎常見，人們很少去記憶數字。我不認為這是因為我們對數字的記憶力不好，而是因為我們對幫助記憶的科技變得日益依賴。

人們習於（我也確信有些人仍然這樣做）保存一本自己的地址電話簿，記錄生活中重要人物的數字。這些有實體記事本的人，更有可能記住這些數字，因為他們知道，每次想要打電話時，他們都會實際手動撥出。現在，大多數人會將這些號碼儲存在智慧手機中。這意味著如果你想打電話給某人，只需找到對方姓名，按下按鈕即可，實際上不必按任何數字。所以我們當然就習慣不去記憶數字，因為從一開始就沒人在注意數字。

回到原始記錄方式

對數字的健忘有一種簡單的修復方式，就是回過頭來寫下你在生活中想要記住的數字。這些數字對你很重要，你心裡應該要記住這些數字。

想像一下，如果你的車子在長程公路上拋錨，手機也沒電（裡面有全部的通訊紀錄）。想想看，如果這種情況發生會多麼愚蠢，有人停下來幫助你，願意讓你使用他們的手機。然後，你卻發現自己不記得任何人的電話號碼。雖然不太可能，但手機電池沒電的情形並不少見，甚至新車也會故障。

我建議你將想要記住的各種數字和其他細節通通手寫下來，包括地址、電話號碼、出生日期、身分證號碼（個人資料敏感，務必加以保護）。紙張不需要很大，務必保持這份紀錄的有效性。可以寫下的包括直系親屬、親朋好友的資料，有些人還要記下醫師等重要人物。

不需要一次把全部的人都記住，一開始只要從寫下你最需要記住的五個最重要的數字和細節開始。等你記住了，再繼續記憶接下來的五個，依此類推。

當然，你必須意識到，只是把資料寫下來，並不足以迫使你記住。請務必不時復習這些數字，以確保真正記住。如果不復習，久而久之便會忘記。

自我測驗是否記住的一個好方法，是在手機上以老方法撥打這些號碼，也就是一個個手動撥號。這樣做需要較長的時間，但你可確認自己已經正確記住。或者你可把記得的數字寫出來自我測驗，然後檢查是否記得正確。你可以每天測驗一次，持續幾天，接著每週測驗一次，然後每月測驗一次，直到確定已經完全記住為止。

尋找數字的模式

數字對我們來說通常不具什麼意義，所以較難記憶。一般來說，有一種幫助你記憶數字的簡單方法，就是尋找其中的模式。你可能會注意到電話號碼（或其他號碼）大多是奇數或偶數，數字是按順序增加的升冪，還是按順序減少的降冪等。

試著想一想，你是否在其他地方看過這些數字的組合。有些數字是你的年齡，還是熟人的年齡？是某人出生的那一年嗎？是你所關注運動球員的球衣號碼嗎？是誰的身高體重嗎？還有另一種方法是檢查是否有什麼數學模式。例如數字248，你可能會注意到每個數字是前一數字的兩倍。你還可用加減乘除等計算方式，看看有沒有相似的數學模式。透過查看數字的模式，發現數字對你具有的某種意義，記憶起來就容易多了。

利用零碎時間

既然本書是一本實用書，實際上我可以想見，大多數人其實都不想花時間記憶數字。有點無聊，對吧？我自己做的是，我建議你可以像排隊等待時，或坐在候診室時，花幾分鐘時間自我測驗手機中的電話號碼。現代社會有很多時間都花在等待，不妨利用這些零碎時間來訓練記憶技巧。

7 失去思路

你正在和別人談話，心中已然有了完美的論述點，準備即將大肆發揮一番，卻突然發現自己忘了要說什麼。你失去了思路，忘記自己想要說什麼。

有些人像我一樣，習慣在一般談話過程中，從各種想法中產生新的想法。任何人所說的任何事，都可能激發我許多不同的思考方向。可能是關於我最近讀過或看過的趣事。但有時在我腦海中浮現的東西，實際上不見得與談話主題相關。如果確實有關的話，也需要相當多的背景解釋，最後才能說清楚腦海中的新主題與討論的主題之間確實存在聯繫。這些傾向可能使你更容易失去思路。

失去思路的情形很常見，在各種不同類型的人和年齡層都會看見。以下的技巧可以幫助你不忘記想說的話。

抓緊主題

養成習慣，追蹤你正在討論的主題。在談話期間，你經常會談論事情的某些細節，但請記住你所談論的整體概念。例如，你可能正在談論親子關係問題，孩子應該如何守規矩，或是你最喜歡的電影等。試著抓緊說話主題，當你從一個主題轉移到另一個時，要留心注意。

想法有如行雲流水，所以我們很容易忘記原來的談話主題。例如，談話內容如果是關於最喜歡的電影對話，以《星際效應》（*Interstellar*）來說，可能會變成在討論美國太空探索科技SpaceX公司的火星探索計畫。於是你想起童年時期夢想成為一名太空人，想起父親不喜歡孩子探索外太空的想法，進而讓你想起從前父母的爭執，導致他們的離婚。我忘了是從哪裡說起這本爛帳？可見失去思路多麼容易。在實際狀況下，對話並不總是會如此快速轉移主題，但確實會發生。以一種掌握整體大要的方式抓住主題，比較容易保持你的思路。

環境中令人分心的事物也會讓你忘記正在思考的事。例如，如果有意外的戲劇性干擾，例如旁邊有個小孩跑來跑去，摔倒受傷，大聲哭泣，這種事可能就會造成你突然打斷思路。

然而，如果你總是抓緊主題，會比較容易找回思路被打斷的地方。

突然離題

談話時如果你突然離題，開始討論與原始主題不太相關的事，這時你必須要付出額外的努力，記住原始主題或論點。原始主題就好像你家，你從家裡出來，漫步走到樹林裡，必須記得回家的路。這是因為如果你突然離題，仍然必須要以某種方式重新回到原始談話的主題。而且，當你轉移到其他主題時，很容易會忘記自己從何處開始。這些額外的努力應該會有所幫助。我們必須多練習才做得到。如果你是喜歡在對話中往不同方向偏離的人，就要抓緊自己的關鍵主題。

8 糟糕！我掉了錢包、皮夾、手機……

我的父親是個聰明人，但正如前所述，人皆有失，即使再聰明的人也無法避免記憶錯誤。眾所周知，他會到處遺失昂貴的相機，像在搭計程車或住酒店時。他是個忙碌的生意人，所以當發生這樣的事，他經常只是認賠然後繼續他的行程。

想要真正為他保留這些相機，唯一的辦法就是建立某種記憶系統模式，以確保他不會忘記隨身攜帶的物品。我們無法保留失去的相機，但仍有希望幫助你，避免遺失自己的寶貴物品。

清楚隨身攜帶的行李或手提箱數量

如果你記得隨身攜帶行李的數量，將有助於比較不容易忘記任何行李。如果你帶著三個包包到一個地方，那麼你也應該帶著三個包包離開，這是理所當然的，也是檢查你是否忘記攜帶任何物品的基本方法。

離開前，請對你所在的地方進行最後檢查

過去幾年我經常旅行。我注意到一件事，遺失東西，特別是貴重物品，不僅僅是我父親個人的問題。例如，最近出門旅行，到機場時，我在安全檢查區發現了一本護照，就拿去交給保全。才走沒幾步，剛離開安全區，又在椅子上看到有人忘記駕照，附近一個人都沒有。這些都是非常重要的物件，因此我想要幫助你避免忘記個人的貴重物品。

不幸的是，當我們四處走動時，總是容易忘記東西。避免這個問題的簡單方法是，在離開之前回頭巡視一下四周。無論你是準備下公車、旅館退房還是離開餐廳等，臨走前請回頭看，確保沒有忘記任何東西。

看起來有點無聊，但每次我要離開旅館前，都會檢查抽屜、電源插座、床底下等，

以確保沒有留下任何東西。如果養成這種檢查方法，你將不再需要擔心忘記什麼有價值的東西。

將可能會忘和永遠不會忘的東西都放在固定位置

無論是在旅行，或是外出，請你注意一下可能會忘記的重要物品，做個紀錄，像是珠寶、相機、錢包等。然後，你可能還有其他不容易忘記的物品，例如車子鑰匙（開車需要）、行李箱或外套（假設天氣很冷）等。

這裡要給的建議很簡單。現在，對於你覺得自己可能會忘記的財物，假設自己真的會忘記。我們都傾向於做最好的期望，以為一切都會很順利。但是現在請假設自己可能會忘記，假設自己真的會忘記某些東西，你的工作就是要避免這種情況發生。然後，將任何可能會忘記的東西，直接放在不可能會忘記的東西旁邊。

例如，如果有人送你一個禮盒，裝著異國情調的巧克力，你可能會忘記帶走。如果你正在旅行，你可以這樣做，就是把禮盒放入行李箱，或放在行李箱上面，或放在行李箱旁邊。這樣一來，當你等一下忙起來，或是計程車來了急忙趕車，就不會忘記巧克力禮盒了。

如果你曾經有過遺失物品的紀錄，我強烈建議你運用這樣的方式，將不容易忘記和容易忘記的東西放在一起。不過，即使你知道兩個東西就放在隔壁，甚至只有一步之遙，一忙起來你還是有可能會忘記。

CHAPTER 2

記憶力訓練

你之所以閱讀本書，一個重要原因通常是想要提高記憶力。就像其他的事一樣，提升記憶力必須透過訓練。重複訓練你的記憶力，將能增強記憶新訊息的能力。

這意味著你要創造不同情境，以訓練記憶力。如果下面有些練習對你來說太困難，表示你會知道自己發現了記憶的一個弱區，這將是你需要花較多時間練習的事，如此一來便可提高自己的能力。如果你一開始遇到很多困難，這是正常的，相信透過更多練習，會漸漸變得更容易。但如果你不想練習，弱區只會愈來愈弱。

1 事情結束後，練習回想這件事

也許你剛接完一通電話，也許你參加過講座、剛看完一場電影或讀完一本書。對於你剛剛完成或經歷過的任何事，練習建立記憶的一個簡單方法，就是回想這件事。這種練習是你養成記憶力的一個好習慣。

我們通常需要一些時間和思考，才能完全消化、明白一個想法。如果你經常從一個任務或活動快速轉移到下一個，沒時間思考剛剛發生的事，你的記憶將更可能因此受到損傷。

取而代之的是，在你完成一些重要的事後，知道日後還需要回想起來，在事情結束後，需要很快練習記憶。這將有助於你日後回憶起來，能夠記得更多細節。

如果你思考一下，事實上，記憶力訓練只是一種自我測驗的方式。

以下內容適用於任何人，但如果你是學生，可能會特別感興趣。一起來研讀下面這份由心理學家約翰．鄧洛斯基（John Dunlosky）等研究人員的完整調查報告，刊載於《大眾心理科學》（*Psychological Science in the Public Interest*）月刊中，標題為：「以有效學習技巧來提高學生的學習」（Improving Students Learning with Effective Learning Techniques）。

這些研究人員研究過數百篇文章，尋找哪種學習技巧獲得最科學的支持。他們終於發現，自我測驗是學習和記憶的最佳方式之一。他們還發現，學生最常使用的無效策略，是一遍又一遍重複閱讀筆記。事實上，更好的方法是自我測驗，因為你可以幫助自己了解你的強區在哪裡，弱區又在哪裡。這樣一來，你可花更多的時間在自己的弱區，同時也不需要浪費時間複習你的強區。

自我測驗很簡單。你只需要找一個題目來測驗自己。你可以自製一個測驗，來測驗你想要學習的科目。例如，你可以測驗看看自己是否能清楚記得某本歷史書籍上面的重要事件或前因後果。這個方式的關鍵點在於，你應該要在腦海中想起來或形成答案，而不只是一板一眼地把筆記大聲念出來。

2 睡前回想一天發生的事

一整個月有三十天，我們過著生活，很容易忘記其中的大多數日子，我們也會忘記一整年中的大多數月份，這意味著我們最後記得的事其實很少。發生這種情形，一部分可能的原因是，很多日子可能非常類似。每個人都有自己的慣例，像在同一時間起床，每餐吃同樣的食物，同一時間上班又下班，基本上每天的活動都是固定的。這種高度的例行慣例可能導致日子變得模糊混淆，難以區分或記得。令人有些難過，不是嗎？你缺乏對自己生活的記憶，一整天都沒有特別的重要事情發生……。

為了避免受到記憶迷霧的掌控，每天晚上睡前的回顧是有幫助的。回想一下當天所發生的事，你吃了什麼？穿什麼？去到哪裡？與誰見面？做完什麼工作？這些都是你在回顧一天時可以問自己的問題。

正如你所想的，以這種方式回顧自己的一天，除了訓練記憶力之外，還有其他益處。你還可以藉此看見生活的模式，若發現事情不如自己想像得那樣順利，便能夠採取行動，進行改善。

關於這個練習，有一件有趣的事。有時當我在腦海中回想過去的一天，此時我真的會注意到一些當時沒發現的新東西。例如，在回顧某些情況的時候，你可能會發現自己似乎傷害到別人的感情；或許你說了一些不該說的話，導致別人走開，自己卻沒發現。你當時沒想到，但回溯記憶之後，你發現那是因為你說過的話。或者你可能想起來答應過某人要幫忙，但一整天的混亂讓你完全忘記這件事。這種記憶力的訓練可以帶來實際的好處，幫助你重建記憶，否則你可能會完全忘記。接下來當然就可以採取行動來解決你所發現的任何問題。

3 上次我在這裡時發生過什麼事？

有些人的記憶力特別好，只要環境中有一點點的線索，便很容易回想起來。你曾經到過一個地方，短時間內這個地方的外觀變化不大，因此是一個非常強大的記憶線索。當記憶力很好的人進入一個熟悉的地方時，過去的互動記憶就會自動跳出來，根本不需要努力回想。

雖然有人會自動記住這些事，但即使你不會，我相信，只要問自己「上次我在這裡的時候，發生過什麼事？」這是個很好的記憶力訓練方式。在美國，有很多人都住獨棟的房子，所以你去的地方可能都長得都差不多，所以記不起來。也許你去拜訪親友，去餐廳、公園或任何地方，當你去到一些熟悉的地方時，試著回想上一次造訪的記憶。以餐廳為例，你上次吃的是什麼？和誰一起吃？服務員是哪位？你坐在哪裡？談話主題是關於什麼？上次去的時間是一年中的什麼時節？

因為環境周圍會有許多線索，至少想起上次造訪時一部分的記憶，應該不至於太困難。如果你能先想起坐的位置，也會有所幫助。僅僅如此便能使你喚醒你對服務生的記憶，你吃的東西，坐在身邊的其他人，以及上次造訪的其他小事等。

4 我們上次的談話內容是什麼？

當你遇到朋友或熟人時，無論是否有所安排，都可透過回憶上次談話的內容來訓練你的記憶力。這樣可幫助你回想，上次你們在一起做什麼，只是在工作，還是聚會，或一起參與某些愛好，還是在打電話等什麼其他的事？

我們很容易就會忘記談話內容，因為我們並不認為談話的內容有什麼特別重要。當朋友告訴你，他女兒晚上不想刷牙，所以他用盡辦法想要讓女兒好好刷牙，如果你自己沒有女兒，會不容易產生連結感，所以很容易忘記，因為畢竟你更關心自己的問題。然而，對此類事件的記憶，有助於人們建立更深厚的友誼。

現在我要提醒一下，這本書不是關於人際關係或友誼，而是關於記憶。然而，改善記憶的一個好處是，你會記得身邊的人更多的事，有助於加強人際關係。想像一下，如果你在一週後與同一個朋友談話，你問他的女兒是否終於刷牙了。當人們真正關心我們，記住關於我們的事，會讓我們感覺良好。就這麼簡單。當然，這個練習的另一個好處是，記住你上一次的談話，有助你尋找談話的新材料。你可以在上次中斷的地方繼續進行談話，不必尋找有趣的新主題。

幫助記住談話內容的另一種方法是，注意談話對象所使用的字詞種類還有音調變化，問自己，他們是否驕傲、快樂、悲傷或不安的感覺？不要只注意他們的談話內容，還要注意談話方式。

對於上次的談話內容，你愈加以記憶力練習，愈能記住。即使日後過了一年半載或更長時間，你還是能想得起來當時的談話內容。

5 抓住你的想法

當別人在說話的時候，你的心裡突然產生一個想法，一觸即發，此時請練習不要馬上打斷對方。你該做的是要繼續聽對方說話，同時抱著你的想法，記住你想要說的話。當別人說完，就可以輪到你發揮，把對方談話所引發的想法盡情說出來。

我自己就是一個例子，每當在談話中心中突然閃過一個想法，我常常覺得有必要將它立即說出口。我擔心如果沒有立即說出口，待會兒就會忘記。後來一位記憶力極強的朋友向我指出，如果我能先將想法放在心裡等下再說，這個想法會變得更加完備。她說這可能需要一些練習，但我覺得我做不好的原因是，我根本就沒有照著做，所以只能說練習不足。

隨著時間的推移，我學會在談話中投注我的注意力，同時也學會抱著自己的想法。

這種習慣可訓練你保持記憶力的活躍性，提升你的能力。如今我已養成傾聽同時思考的能力。

有時和你說話的人有滿肚子的話要說，請將注意力投注在他們說的話上。然後，在他們說話的同時，你也可以追溯你想要提出的任何想法。在你開始這種練習方法時，能夠在心中記住一個想法已經夠好了。隨著時間的推移，你可能會在聽別人說話的同時，嘗試記住兩個想法。甚至可以記住三個。但是無論你記住幾個，請確保你能夠注意聽對方所說的話。

如果別人已經說過答案，你再繼續詢問同樣的問題，這樣的對話就沒有什麼意義了，你之所以沒有在聽對方說話，是因為你更重視自己的想法。這個練習還有一個額外的好處，是在一般對話中你會比較少去打斷別人的談話。

在談話中暫且擱置自己的想法還有另一個原因，你愈是記住一件事愈久，愈有可能真正記住。

不幸的是，我們許多人都有分心的傾向，往往會快速從一項任務轉移到下一項任務，或是從一個想法跳到下一個。問題是，很多人急於學習，急於記住，但這卻是一種矛盾。愈是匆忙，愈有可能忘記，因為你的匆忙，思考自己在做什麼的時間就會變得愈少。

至於如何把想法放在心裡的方式，則不是特別重要。可能是對你想要記住的事只是做簡單的投射或反覆思考；可能是深入思考該如何將訊息應用在其他談話情境中；你可能只是在心上想想某事或作作白日夢或是在心中自問自答；你甚至可以將這個新的記憶與其他已經知道的事連結在一起。無論是哪一種方式，先把你的想法和記憶放在心裡，等到終於說出口的時候，會變得更加生動。

6 心理視覺搜尋

這種記憶的練習方式是要閉上眼睛，對你的房間或其他熟悉場所等，進行心理探索。最好是你家裡的一個地方，或家附近某個地方，完成記憶練習之後隨即可以馬上檢查。練習目的是希望能夠盡量回想熟悉的房間或地點。

在電視劇《靈異妙探》（*Psych*）中，主角之一肖恩假裝自己具有通靈能力，但實際上他只是一個具有極高觀察力和記憶力的人。在童年時期，肖恩的父親為了提高兒子的記憶力，經常對他進行測驗。他們常做的一個測驗是一起走進一家小餐廳，坐下來，父親會讓他閉上眼睛，然後問他各種細節。例如，問題可能是：你背後的人戴著什麼顏色的帽子？服務員叫什麼名字（名牌上面是什麼名字）？有幾盞燈還沒有正常點亮？透過這種頻繁的測驗，肖恩的能力達到了一種程度，他能夠觀察和記得的事，是大多數人所做不到的。

這裡要做的練習與《靈異妙探》相似，是一種視覺記憶的練習。我建議一開始直接做練習，不要「研究為什麼」。當然，你對自己要測驗的場所，應該已經是很熟悉了。接著再換到不同的房間或場所，繼續做這種心理視覺的測驗練習。

無須趕時間，慢慢來，在心中喚醒那個房間或場所的影像，想著自己在裡面四處走動。想想你的家具是什麼類型，抽屜的數量，抽屜裡有什麼衣服，床單上的花樣是什麼，書架上有哪些書籍，書名和作者姓名等。不斷地搜尋又搜尋，能夠想出來的，都要盡量想出來。然後，走到那個房間或場所，檢查看看你做得好不好。

7 練習記住N天前的事（N可代表一天、兩天、三天等，以此類推）

這個訓練的想法是來自於一個訓練大腦的軟體，軟體的設計目的在於改善工作記憶和智力。工作記憶是關於暫時將訊息儲存在記憶中，以便進一步處理或以某種方式應用。這個軟體的名稱是Dual N-Back。由於此軟體並不符合本書《極簡實用記憶》主題，我並不是推薦這個軟體，但我會在此將軟體概念轉變為實用的練習。

首先，讓我們討論一下Dual N-Back是什麼。

Dual N-back是一個應用程式，執行時會同時在螢幕上呈現兩件事，例如數字和英文字母，是以視覺或聽覺的方式，但並不是要你去回想前一步所呈現的內容，而是不斷穩定地向你呈現新的數字和字母。等到呈現完畢，它才會要求你指出N步之前以視覺或聽覺方式所呈現的內容。N可代表一步、兩步或三步，依此類推。解這項任務比你想像的還困難，因為軟體會不斷向你呈現新的數字和字母，沒有休息時間讓你能夠記起來，也不管你能否跟得上。大多數人都覺得這個軟體簡直困難透了。

我的建議是，將這個軟體的概念應用到日常生活中，會更簡單、更實用。例如，你可以練習回想N天前的事，以增強你的記憶力，使你能回想起最近所發生的事。在你的生命中，記得過去的一天不應該是什麼重大挑戰，但是，這可以是一個非常有用的起點。

你可以在一開始先練習記得前一天的事。如果你覺得前一天的記憶非常清晰，那麼你可以練習兩天前的記憶。如果還是做得不錯，可以繼續回溯。或許你可以每天測驗一次，或者每週測驗一次。等你熟練到一個程度，可以進一步深入，面對挑戰。如果你繼續訓練自己，可以達到某種程度，例如能夠清楚記得一週前發生的事，甚至更早以前發生的事。

你在練習回想時，不一定需要記住某設定日期所發生的所有事。選擇一些你會注意的具體特殊內容，可能更有用。也許你會追蹤記錄自己吃過什麼，穿什麼衣服，去過哪裡，遇到誰，看過哪些電視節目或其他事情等。你可以選擇要記住一個特定事項，然後嘗試去記得這件事N天前的情況。再說一次，從前一天開始回想，然後逐漸累積，去記得更早以前的事。我認為一個不錯的目標是記起過去整整一週所發生過的事。

8 重新安排你的個人物品

大多數人在大多時候，都會自然地在固定位置放置固定的東西，較有組織統整力的人更是如此。但即使你沒有這麼做，也可能會把車停在固定位置，把餐具放在固定位置，對吧？對於許多物品，當我們將它們移動到新的、想不到的地方時，我們更可能忘記放置的地方，特別是一個不尋常的地方。有件事可能會讓你大吃一驚，大部分時間，你都不記得你把特定的物品放在哪裡，你記得的是放置那類東西的地方。例如，辦公用品放在書房，DVD放在電視旁的電影架上，盤子則在廚房抽屜裡的盤子架上。

顯然，有條有理是一種很好的特質，但練習記憶的一種有趣方式，是嘗試將物品移動到令人意想不到的地方，一般你不會把物品放置的地方。然而，沒有理由的移動物品，並不是很實際。如果你把訂書機放在冰箱裡，可以測驗你的記憶，但如果它留在冰箱裡太久，訂書機可能會壞掉，而且其實你也沒必要以這種極端的方式來練習記憶。我會建議將物品移動一點點即可。例如，如果你通常是將訂書機放在書桌抽屜中，可以嘗試把它移到另一個抽屜。日後當你需要用到訂書機時，便可停下來想一想，你把訂書機放在哪裡，測驗你的記憶。

為了強迫自己訓練記憶，如果你願意，可以養成一種訓練記憶的習慣。將日常使用的物品，如錢包、外套、鑰匙等，每天故意選擇將它們放在家裡不同的地方，讓你可以實際上需要思考它們的放置處，藉此訓練你的記憶力。當然，請記住，你不僅在需要記憶時會使用記憶，事實上，當你放置這些物品時，也需要注意自己的行動，這樣你就可以在第二天想起來。當你做出改變，將物品放在新的地方，此時你需要更加留心注意。

當然，我們都不想在練習記憶時不小心遺失一些東西。為了避免遺失任何重要的物品，我建議不要把它們藏起來，只要把它們放到不同的地方即可。請確定一件事，即使你忘記放置物品的位置，仍然可以輕鬆找到。

當你準備好要練習記憶時，在你開始尋找物品前，請先回想物品放置的位置。如果你是漫無目的隨處亂找，即使最後找到了，也不是一種練習記憶的有效方法。

9 早上起床時記錄夢境

許多人不太看重自己的夢，當然，有些夢很特別，但有更多的夢都被忽略，似乎永遠被遺忘了。我通常對昨晚的夢只有模糊的回憶，大部分最後都會消失，只有一些有趣的夢，我會一直記得幾個月或幾年，但這種情況很少見。

記憶夢境可能會令人感到很困難，但這意味著這是一種很好的測驗。愈是難以回憶，事實上愈可能訓練記憶力。當然，記憶是大腦的一部分，不是肌肉的一部分，但類比之下具有相似的作用。為了訓練手臂的肌肉，你會練習舉起愈來愈重的重物，愈重當然愈難舉起。為了訓練記憶，你應該要試著記憶更多事物。請記住，難以記住的事，可幫助你提升自己的能力。付出更多努力，適度的緊張，將有助於使心智的連結變得更加牢固。

夢境往往很模糊，難以回憶。因此，練習記憶的最佳時間是起床後，當作早上的第一件事。你可以簡單地想成是在早起後做的一分鐘練習，看看是否可在腦海中重現一部分的夢境，如果你願意，還可以更進一步把你想起來的記錄下來。把你的夢寫下來，有這些筆記的協助，日後不但可以重新複習筆記，未來幾年後也依然能夠重溫記憶。

就我個人而言，我注意到當我養成一種記錄夢境的模式，在記錄夢境的時期，我對夢境的記憶往往會有所改善。我也注意到，當我每週靜坐幾次，對夢境的記憶也會有所改善。事實上，這樣做似乎會使夢境變得更加生動，有助於記憶。如果你在回憶夢境時遇到困難，可以嘗試運用這些技巧。

CHAPTER 3

建立新的記憶

建立新的記憶，這件事本質上就是一種學習。但本書這一章節不僅是關於學習，更是要告訴你一些重點，讓你懂得如何學習、理解和記憶。我們經常在吸收訊息，假設我們在學習，但後來卻很難記住訊息的大部分內容。成功建立新記憶的關鍵部分之一，就是要記住你想要記住的內容。當你缺乏想要記憶的意圖，記憶就會消失，我們也會失去對記憶的掌握。

在此要了解一個關鍵重點，當我們學習的時候，並不是所有訊息都同樣重要，因為大腦只能處理有限的訊息。最好是能夠建立一種理解，知道什麼是最重要的，並確認自己對這些概念具有堅實的理解。

在此章節，我將向你呈現詳盡的重點，告訴你如何成功建立新的記憶。

1 集中注意力，活在當下

我們身處的時代，是一個令人愈來愈難以活在當下的時代。我們不僅憂心過去和未來，同時還有自四面八方傳來的訊息，這些都會分散我們的注意力。由於心智中有太多混亂發生，又缺乏焦點或方向，想要確實記住新體驗，變得更加困難。

練習活在當下

集中注意力和活在當下，都需要練習，練習愈多愈熟練。如果在當下定心對你來說是一種特別的挑戰，不妨考慮正念靜坐或一般靜坐，會很有用，你可以從中獲得技巧，幫助你將注意力集中在當下所發生的事。

如前所述，注意力對記憶很重要，但你要如何才能讓自己集中注意力？如果你在這方面有問題，那麼你可能會感覺自己沒有控制權。無論你是否試圖加以控制，思緒都可能會游移徘徊。

練習活在當下是重要關鍵。這是一種練習，而不是你天生具有的遺傳特質。練習活在當下有一個簡單的方法，就是去進行一種活動，例如散步或與人交談，同時努力將自己的思維放在每一時刻所發生的事上。如果你的思緒飄走，跑到其他事物，或想起過去、未來的事，請將思緒拉回到現在。

當你能夠成功地活在當下，這意味著你將能以最仔細的方式處理正在發生的事。你將會吸收大量訊息，日後也將更有可能真正能夠記住。例如，如果你注意到有人正在微笑，但卻在吸鼻子，眼睛也潤濕了，你會記得這個人可能很傷心，但想要隱藏這種情形。別人因為沒有將注意力放在當下所發生的事，大約只會看到一個正常快樂的人，不過卻是得到不正確的訊息。

完全活在當下，你對世界會得到更清晰的觀點，這將可賦予你更清晰的記憶。

避免一心多用和分心

許多研究早已確定，當你一心多用時，雖然想要同時做很多件事，但卻無法充分處理每一件事。你的大腦無法專心，必須從一件任務切換到另一件任務，然後再回來從頭開始。每次的切換都會擾亂大腦的運作，必須重新連結上次所做的事。這樣的效率很低。

請記住，當你一心多用，表示你可能會心不在焉，因為缺乏注意力，比原先犯更多錯誤。這麼做基本上是在分散自己的注意力，限制你不能投注全部的注意力，因此當然也會限制你的記憶力。對於重要的事項，如果你以後想要記住，請不要一心多用。

如果你一再經驗到分心的干擾，應該考慮一些方法來減少或消除它們。這些一心多用的分心干擾，有的是你所選擇的，但也有些不是你所想要的，而是自然出現的。但無論是哪一種，都會對你的注意力和記憶產生負面影響。每當你受到干擾，為了回到手邊正在做的事，都需要花一些時間去回想你剛剛在做什麼，做到哪裡。

例如，加州大學爾灣分校資訊系教授葛蘿利亞・馬克（Gloria Mark）研究人們因分心而失去了多少時間。她說，當人們受到干擾，通常需要經過二十三分十五秒才能恢復，大多數人在回到原來計畫之前，還會進行兩項額外介入的任務。

更糟糕的是，干擾會讓你更可能忘記自己原來在做什麼，造成時間的浪費，還迫使你回想先前的狀態。你很可能需要重新再來，或重新思考已經完成的事，非常無益。顯然，我們最好的行動方案是一次只專注於一項任務，盡可能不要分散注意力。

2 記憶有計畫（具有記憶的意圖）

記憶意圖的重要性，在前面曾提過，由於這是建立新記憶的關鍵部分，我將在這一節中詳細闡述這個想法。

當你有計畫要記住某些事時，更有可能真的能夠回想起來。我們無法注意每一件事，回想起每一件事，一個簡單的意圖可幫助你記得長長久久。請記住，大腦會試圖保存自己的能量。如果某些事的重要性不夠，不需要你有意識地去記憶，大腦往往會將之歸納為無關緊要的事物，即使忘記了也沒關係，也就是說，你很可能會忘記。

想像一下，如果你能夠和一個擁有完美記憶的人一起旅行，對方是一個永遠不會忘記任何事物的人。這表示你可以在任何想要記起某事的時候，輕鬆地依賴這個人。你只要輕輕鬆鬆地問這個人，不再需要費心自己去記憶一些東西，他們都可以幫助你回想起來。聽起來似乎不錯，你再也不必擔心記憶的問題。但是，你會變得非常依賴，你的記憶會逐漸惡化。因為變得太過依賴對方，你永遠不會計畫想要記住任何事物，因為根本就不需要。因此，你會忘記很多事，比你應該忘記的還要多。

依賴自己的記憶，有計畫的記憶，這樣做會幫助你記得更多。

創造記憶的需求

你可以打算要去記住，但除非你真的需要記住，否則你可能沒有足夠的動力，堅持你所想要的記憶計畫。

這讓我想起一件朋友告訴我的事，她具有非常好的記憶力，她說，這是從很小的時候就開始發展的。小時候她有一個問題，就是她經常與母親爭執，但是母親會投機，利用「事實」來證明，最後總是會贏。我朋友懷疑有些事不像母親說的，但母親經常會說「妳不記得了，我記得，所以我是對的。」我朋友沒辦法說贏母親，她發現她的問題在於自己不記得需要記得的事。所以後來她開始運用注意力，終於逮到母親說話的漏洞，與她記憶中發生的事不同。這件事的關鍵在於，我朋友覺得她有記憶的必要，所以她做到了。她無法忍受一次次的爭執失敗，所以開始採取行動。她對細節投入注意力，練習去記憶細節。到了今天，她對人們所說的話有著極好的記憶。當然，這是她為了有助贏得與母親的爭執而發展的技巧。

我朋友覺得有記憶的需求，但如果你沒有，應該如何創造一個記憶的需求？

一種方法是試圖騙自己，認為你必須記住一些東西，因為有人指望你。這種捏造的情形對我來說效果不好，但可能對你有幫助。我自己習慣用的方法，是實際上計畫要以某種方式來運用訊息。以看電影為例，可以考慮看完電影要和朋友一起討論哪些有趣的部分。如果是學習英語字彙，計畫是要運用在日常會話中，還是任何你正在編寫的文字內容中。這樣可為你正在學習或體驗的事物創造一種需求，而不是變成你可以輕易忘記的一些微不足道的事。

想一想，你不想給自己施加太多或太少壓力。壓力太多，你可能會因為太緊張而忘記；壓力太少，你也會因為重要性不夠而忘記。創造需求的程度，必須拿捏得當。每個人都有一種適合自己的程度，必須多練習才能清楚。

3 整理和分類

以對你有意義的方式去整理和分類事物，這樣做，你將更容易記住東西的位置。例如，你可能會到自己的工具箱裡找螺絲起子、扳手和鉗子，工具箱會存放在車庫中。無需努力記憶，你也知道這些東西在哪裡。你不必問這些東西是否放在廚房或其他房間。大多數人都具有一定程度的組織統整力，因為我們知道這樣做很方便，可消除我們的記憶負擔，不再需要記住家中各種物品的位置。很明顯，在一個房間裡放螺絲起子，在另一個房間裡放鉗子，在第三個房間裡放扳手，這樣做是沒有意義的。

如果你想要知道，為什麼我在前面的一個技巧中，建議要將物品移動到令人意想不到的位置，但是在這裡我又建議要有組織統整力，請允許我解釋。前面的技巧是要幫助你練習記憶，透過挑戰來建立記憶。而這裡的技巧旨在幫助你輕鬆記憶許多訊息。

製作物品清單

許多人自然而然會整理和分類，但是在製作物品清單，我們通常不會遵循整理和分類的原則。例如，大多數人都會在超市購買想要的東西，因此他們會製作一份很長的物品購買清單，然而將物品重新排列組合可能更具有意義。例如，可將物品分為不同類別，像是水果和蔬菜類、化妝品類、飲料類、罐頭食品類等，這樣做很有用，因為超市裡面大致會分為幾個不同區域，將購物清單分組分類可以使你的購物過程更容易。而且，如果你想要記憶這份清單，或者萬一你遺失這份清單，這樣分類更容易回想清單上面的物品。也就是說，未經分類的事物可以說是一團混亂；養成分類的習慣，在記憶事物的時候會比較容易。

很多人還會製作一種待辦事項清單（to-do lists）。通常我們會讀到或聽到人們製作待辦事項清單時，習慣把事項依照優先順序排列，但實際上我更喜歡在個人的待辦事項清單中，依照任務進行分類。例如，一般的任務我可能會分類為工作、家庭生活（家務事等）、休閒娛樂等。如果有需要，還可將這些分類進一步再分為更小的類別。同樣的，這樣做對整理分類來說是好的，對你來說也更容易記得這些事物。而且，就優先順序來說，通常分類本身便具有一定的優先程度。例如，上述範例中的優先順序可能就是工作、家庭生活，最後是休閒娛樂。

我相信這個技巧非常有用。不要低估整理分類的力量。如果有些事令你困惑，造成你因此無法有效建立新的記憶，你可以開始尋找一種整理分類制度，建立一個基本的理解。如果一切都是混亂的，令人毫無頭緒，那麼你將無法形成新的記憶，挫折感也會因此增長。事情通常不會自然產生條理，你需要自行尋找。

尋找事物條理的方法，可透過以下方式：優先順序、字母順序、大小順序、類型、時間或日期、功能、形狀、大小、物質組成、結構、影響或其他方式等。

選擇最適合你的整理分類方案。尋找有意義的模式，並以這種方式加以整理分類。對於複雜的事，我會試圖利用excel軟體建立電子表格，尋找有意義的整理分類法，但其他的事很難給予具體的建議，因為每個主題對學習和記憶來說都是獨特的。如果你認為此類程式可能會對你有所幫助，網路上有許多教學節目可供參考，例如YouTube。

不要使自己混亂

不要為了建立整理分類的計畫，讓放置物品的地方造成你的混亂。

《我愛露西》（*Love Lucy*）（一個很老的美國電視節目）裡面有一段有趣的情節，女主角露西得到了一個特別的東西，因此她想盡辦法要把這個東西藏到一個很隱密的地方，所以她把東西放在一個地方之後，又去挪動它，放到另一個地方，又再去挪動，一遍又一遍，沒完沒了。她顯然不滿意放東西的地方，所以一直更換地方。到了第二天早上，因為不記得把這件對她非常珍貴的東西放在哪裡，她簡直要瘋了。由於東西放置的地方一再變換，次數太多，造成她的記憶大混亂。

這是一種荒謬的情況，基於娛樂目的，但我們仍可因此得到教訓。你把自己所有物放置的地點，以及為什麼要把它們放在那裡，必須要有計畫，以避免總是將物品隨機放在某個你不記得的地方。

4 想成與個人切身相關

無論你想記住什麼，記憶的動機都會影響你的能力。幫助解決這個問題的一種方法，是將想要記住的內容變得與個人切身相關。如果沒有自然的關聯，你需要找到一種方法產生關聯。這可能需要一些創造力，但當你發現你與想要記憶的事物產生關聯的時候，記憶將會受益匪淺。

一般來說，當我們因為學校或工作而需要記憶某些事時，這個方法更適用，但這種學習研究的過程，感覺起來好像苦差事一樣，這種情形難免會發生。如果你對一些事有百分百的興趣，願意主動學習，根本不必擔心記憶問題。因為你有興趣又專心，很容易記憶。如你所見，如果你真的能與想要記憶的事物產生個人關聯，而讓自己變得更有驅動力，記憶的部分就會變得更加容易。

曾經有一位老師對記憶解釋得很好，他說：

很多學生告訴我，記不得我教的東西，記不得總統，記不得歷史上重要的日期等。但我聽見你在走廊裡唱著最喜歡的歌曲，顯然你能夠記住。不要告訴我你記不得我教的東西，我教的東西可能並不有趣，但你完全有能力去記憶。

為了記憶，我認為讓事情變得更有趣、更有意義的一個關鍵方法，就是簡單地讓它們變得與個人切身相關。學生記住一些歌曲，是因為這對他們個人來說具有某些意義，卻難以在課程材料中找到關聯性。

想像自己處在他人境地

舉一個簡單的例子，人們自然會傾向於想像自己處在他人的境地與位置，就是在閱讀小說時。你可能會把自己放在英雄或主角的位置，從頭到尾想像自己，若處於相同位置，你會如何面對各種際遇，產生何種反應。

閱讀小說是一種可令你自然尋求個人相關性的領域，或是讓自己置身於英雄的角度，但你也可以在生活的其他方面這麼做。如果有人在告訴你一個故事，你可以把自己放在對方的位置，想像一下你會如何處理這件事。如果你正在看電影，也可以這樣做，還有其他狀況也都一樣。

要小心的是，除了專心、注意，對個人產生意義，你還可能會回想起個人的經歷。不幸的是，重溫個人經歷不一定是建立新記憶的有用方式。例如，如果我告訴你一個故事，關於我第一次抓到魚，你可能會把這件事與你第一次做同樣的事連結起來。這樣很好，但問題是如果你陷入思考或談論自己的經歷太多，反而會變成不是在聽我講故事。建立記憶時，你需要注意外界的訊息。你可以將你的經歷與個人發生連結，但請你記住，你想要做的終究是要將這個世界圍繞在你身邊的各種訊息保留下來。

尋求個人關聯

有時，我們認為某些事與自己無關，因此不再關心。然而進一步尋求是很重要的。不要單純地接受這些事與你無關。這讓我想起一些高中生，他們對所學的東西一點興趣也沒有，因為覺得與個人生活毫無關係。在這種情況下，很難找到課程材料為何重要的道理，但尋求個人關聯是很重要的。

例如，如果你覺得化學無關緊要，或許可以去學習一些你所關心事物的化學特性，可以使化學產生關聯性。或許化學對你來說是死的，只是無生命的分子，你可能會想要跨入有機化學（與生物體相關的物質）領域，以激發你的興趣。

這裡的關鍵重點是，如果你讀到或聽到對你似乎沒有意義的事，請尋找一種方法使它與個人產生關聯。這件事並不總是很容易，但最好預先花一些時間去發現個人的關聯性，而不要去討厭記住某些事的過程。這可能需要一些努力和工作，但它將是幫助你記住新事物的關鍵步驟。

5 運用全部的感官

我們都知道感官有哪些，復習一下，感官包括：視覺、觸覺、味覺、嗅覺和聽覺。這些感官是我們體驗這個世界的主要方法，因此感官明顯對形成新記憶非常重要。我們應該要記得在日常生活中運用所有感官，因為每個人都是一扇獨特的窗，透過這扇窗可以建立新的記憶。

運用多種感官，加深記憶力

當你體驗新事物時，不要只用一種感官，而是要用多種感官，這樣的專注可以幫助你的記憶力。例如，如果你自我設限，總是只用視覺來體驗新事物，那麼你就會減少可以喚醒記憶的刺激數量。想一想，你是否運用所有五感去體驗，如此一來幾乎不可能忘記。以運用最少的感官來說，我建議用至少兩種感官來體驗新事物。即使你是在閱讀一本書，也可以使用多種感官，因為你可以運用想像力，重新加以創造。

以上的章節說明的是第一次體驗新事物的時候可以參考的技巧。以後當你想要實際上喚醒記憶力的時候，又該怎麼做呢？到那個時候，如果你原本已有運用多種感官，你會謝天謝地。如果你這樣做，應該會更容易回想起來。

想一想，你曾經有很困難地想起某件事，或許是因為那些記憶是多年前所形成的。為了幫助回憶，你只需要問問自己的各種感官。像味道怎麼樣？觸感怎麼樣？看起來像什麼？聞起來怎麼樣？會發出聲音嗎？是什麼聲音？所有感官都將提供一條路徑，幫助你更清楚記憶起一些事。

6 深度和重複

如果你多次發現自己很難記住某些事物，可以運用深入挖掘和全面學習的方式。有時我們需要深入搜尋，以獲得理解，建立更強大的記憶，而不是受困於事物的表面程度，一直無法記住。

另一種方式是以不同的方式去學習同樣的事。也許不僅僅是透過書本學習，而是獲得某件事物的第一手訊息。或是除了只向一位老師學習，你也可以找另一位來指導，以不同方式來解釋。在你的學習中加入這類的重複方式，將有助於建立更好的記憶。

深度

在努力記住一些事時，請考慮要深入這個主題。當你被困在表相、表面的程度時，有時會看不出事物的意義。或是有些主題的基本程度可能會令人感到枯燥乏味，但當你深入挖掘，會發現它實在令人著迷。

舉例說明，也許你想要了解元素週期表，但對你來說根本一點趣味都沒有，很難學習到任何東西；可能是因為質子數、中子數和元素名對你似乎毫無意義。以這個例子來說，你應該要深入挖掘，於是決定要認識週期表的歷史。你也可以學習第一個元素是怎樣發現的，還有其他背景的關鍵事實。也許你甚至會發現為什麼它的組織排列是按照這種方式，並學習週期表的排列模式，幫助記憶。透過更深入的學習，有助發掘事物的意義，使你可能記得更多。

我們很容易忘記一些表面程度的事實，但當我們深入學習，將能建立理解，最後記得更多。

重複

有時我們記不住一個主題，這可能表示你多次想要在腦海中建立同樣的連結，卻一點作用也沒有。也許你已經試過很多次，如今再次查閱這些材料，你並不覺得自己真的會記住，而且，你根本就心不在焉，因為實在很無聊。在這種情況下，使材料變得耳目一新是有幫助的。你可以增加學習材料的重複性。這個意思是說，學習同樣的事物，但以不同的方式。就像使用閃卡一樣簡單，可以反過來測驗自己。例如，若是想要記得詞彙的意義，不妨反過來，練習從意義想起是什麼詞彙。

還有另一種重複的記憶方式，是透過不同感官、方法、格式，甚至解說相同主題的不同書籍，來學習同樣的材料。重點是以不同呈現方式來學習基本上相同的事物，只是形式不一樣。當你試著以某種方式學習時，可能無法完全理解，但當以不同的方式呈現給你時，你可能會茅塞頓開，突然一切都變得有意義。此外，就算其他什麼都不做，只是重複學習材料，也可幫助你記得更好。

在現實生活中有一個例子，我曾經輔導過一個學生，已經快十五歲，卻從未學過乘法表。她告訴我自己放棄了。我很驚訝，因為她看起來像個完全有能力的學生。她承認這些數字對她沒有任何意義，無論寫過多少次，都無法回想起這些數字。但她提到自己處理文字的能力比較好。我最後建議她用文字來寫乘法表，不要用數字的形式。也就是說，不要寫3×5＝15，而是寫成「三乘以五等於十五」。改變了學習方式以後，她的學習開始快速進步。字彙對她有意義，而數字卻沒有。

有時，一種處理訊息的方法，不適合我們的記憶力或理解力，我們需要以更深入的方式或不同的方式（重複）來審視訊息。

7 把重要與趣當成鉤子，「掛」住新記憶

（就像掛在衣架上）

對於某些長時間的個人愛好，讓你確實樂在其中的點是什麼？是音樂、恐龍、購物、藝術、電腦遊戲？可能與你的專業相關，但並非必要。可能只是做起來覺得很有趣，或是差不多到痴迷的程度。可能剛好只是記憶天賦，例如，你是否特別擅長記憶數字、日期、臉孔、地點、氣味或類似的東西？

透過這個學習祕訣，你將能運用自己的優勢能力，建構新的記憶。

我曾遇過一位教授，他提出一個相當不錯的比喻，認為形成新記憶就像一個外套衣架。聽起來或許怪異，但教授的意思其實是，衣架代表你所擁有的堅實記憶。你的目標是要將想要形成的任何新記憶，「掛」到這些堅實的記憶上。重點是，新的記憶需要被

掛上去，或者以某種方式與你已有的舊記憶互相連結。事實上，你應該尋找那些非常強烈的記憶，那些你喜愛、充滿熱情、有天賦的事物等等，然後把你的新記憶掛上去。這將使你能夠更快速形成新的記憶，並且不容易忘記。

新事物如何與你的興趣或優勢產生關聯？

當你正在學習一些新事物，想要記住，可以問自己，這件新事物與你的優勢之間有什麼關聯。這是一種特別有用的策略，當你想要記住的事物很枯燥或無聊的時候。對我來說，我的個人優勢在於心理學、西洋棋和音樂，所以我會嘗試將學到的新主題與其中一個優勢互相結合。例如，如果我在學習歷史，可以研究當時那段時間或地區演奏的音樂類型是什麼。由於我對音樂有著廣泛的興趣，這是一種使記憶充滿樂趣的方式。

有一些書巧妙地將不同的主題互相串連，幫助你更容易記住內容。例如，我曾讀過一本書，書名是《從六個杯子談世界歷史》（*The History of the World in 6 Glasses*），將飲料與歷史連結起來。對於喜歡各種飲料（例如咖啡、茶、啤酒、葡萄酒等），卻覺得學習歷史很頭痛的人來說，這本書再完美不過了。

有時我們很難找到一種方法，將個人興趣與想要學習的事物連結起來，但這值得我們付出努力，因為這樣做可使記憶新訊息的過程變得比較容易。

我建議將你的興趣以及與新事物發生連結的方法，兩者加以組合，如此一來，你就不會總是在尋找一個主題的關聯。首先，如果總是把新主題與固定的主題連結，難免會令人感到無趣。其次，如果你只熟悉一個主題，等於是限制了自己可以建立連接的類型。此外，請記住，一些主題比其他主題特別容易互相產生關聯（例如，舞蹈和音樂的關聯，可能比植物學和物理治療的關聯更容易連結）。當你有興趣的領域很多，通常建立記憶會比較容易成功。如果你在許多主題中感覺不是特別強烈，我建議要先逐步在數個不同領域中建立理解力。然而，一次請只專注於一項專業知識，因為這樣會使你更快速獲得進步。

8 限制訊息導入量

限制訊息，這個祕訣似乎有點奇怪。很多人想要的是記得多，所以才會想要閱讀這種類型的書。但重點在於你必須了解，你沒辦法記得所有事。過度的訊息量只會壓垮你的記憶，你變得只是知道，卻什麼也不理解。你會想要避免這種訊息超載的情形。

對於你想要記住的事物：要深不要廣

廣泛吸收訊息，意思是說你往各種管道向外廣泛尋找訊息。有時廣泛尋找訊息是一件好事，但問題在於，如果你常常從一個主題跳到另一個主題，等於是不讓自己有機會能夠真正的理解。你所得到的訊息可能看起來很膚淺，在腦海中變成片段不連續的事實，讓你更難以掌握以及實際記住。

深度吸收訊息的方式是深入探究一個主題，可能會花較多時間在同一個特定的來源。主題可以是一則新聞、一篇文章、你要面試的人、一本書等，任何類別的訊息。關鍵點在於你認為某個訊息非常重要，值得多次研究，所以你能夠更深入地了解它、學習它，花時間記住某些部分，再反思意義，一直到自己能夠應用這些原則等等。

舉例來說，像是閱讀一段引用的文章，然後思考如何將這段文字應用在自己的生活中，以及它可能具有的任何其他意義，為什麼人們認為它所傳遞的訊息如此重要，使得它被一次次引用等。另一個例子是閱讀一本書，深入思考，記錄筆記，把書放下，幾個月後再度拿起來，重新評估你對這本書的看法。

這兩種風格如何結合在一起？也許最初比較適合廣泛，當你在尋找真正值得投入時間的事物，此時你可以廣泛搜尋，大範圍尋找感興趣的各種訊息。然後，當你發現某個來源看起來特別有用時，便可更深入研究。到了那個時間點，你會花更多時間在上面，並全心投入關注。既然你知道這些材料很重要，那麼花更多的時間就可以得到更深入的理解和記憶。

對於你想要記住的事物：80／20法則

80／20法則即「帕列托法則」（Pareto Principle），簡單的說就是你得到的成果約有百分之八十是來自百分之二十努力。因此，你應該把大部分的時間和精力，集中在你可以付出的最重要百分之二十的行動上，這些行動將會產生最大的影響。

想像一下，你正在嘗試學習並專注的事物有如海嘯般龐大，例如大量的閱讀材料、新技術或某種數據。最好的方法是辨識你能夠學習的最重要部分，並專注於這些部分。你所能吸收和適度記憶的分量是有限的，因此必須有效率。這表示對於各種訊息來源，你有權取捨，那麼你應該尋求能夠帶來最大利益的少數訊息來源，將問題降到最低。

例如，如果你可以閱讀一本頁數上千的書，但它所具有的訊息與一本五百頁的書相同，那麼你應該選擇頁數較少的一本書。或者，如果你閱讀一篇文章就可以涵蓋一整本冗長的書，那麼最好就是直接閱讀那篇文章。這樣做有助你在最短時間內學習更多知識。

如果你很難找到最重要的百分之二十訊息，能夠告訴你百分之八十真正需要知道的事，請想想蓋瑞．凱勒在他的書《成功，從聚焦一件事開始》（Gary Keller, *The One*

Thing）中所說的一段話。他說：

「我先做哪一件事之後，其他每件事就會變得比較容易，或者不需要再做？」

我喜歡這句話，不僅因為它只出了一個很棒的重點，還因為它也可以應用於記憶。應用在記憶方面，同樣的問題可以轉換成以下這種形式：

「你先記住哪一件事之後，其他每件事就會變得比較容易，或者不需要再記憶？」

例如，我遇過一些精通數學的人，就非常擅長應用上面這個原理。他們不會坐下來背誦教科書的所有內容，而是一貫記住他們需要知道的關鍵原則，只要掌握了這些原則，他們就可以釐清所有必須要知道的一切。這不僅節省了他們的時間，還建立了理解，連帶得到有效的記憶。他們不再需要真的去記憶教科書的所有一切細節，因為已經充分理解，能夠根據需求解決問題。這樣做最後與記住它一樣有用。

9 放慢腳步

有些人說話非常快速，如果你想記住他們說的話，會產生無法完成記憶的一大障礙。為了記住說話內容，你通常需要花點時間進行處理，視覺化想像，或思考整體意義。如果別人話說得太快，你根本來不及聽懂，你當然會跟不上、錯過，以後自然也不記得。

請記住注意力的重要性，以及充分實際體驗新事物的重要性。如果你一開始無法捕捉記憶，以後也永遠無法記住。記憶會變得模糊，因為你一開始就沒有真正明白，所以不記得。很多時候，我們實際上並沒有忘記任何事，只是從沒有學到或掌握到某種經歷。

在今日的時代，這個原則似乎特別重要。大多數人都很匆忙，希望結果的到來愈快愈好。我們想要達成目標，卻視過程為障礙。現實是，過於匆忙，我們將會成為自己的敵人。有時慢慢來比較快，學習、記憶和理解都要不急不徐，然後，隨著時間過去，你將會變得更快速、效率更高，也會建立起專業知識。

慢動作進行

想像一下，一個武術新手在看李小龍的電影，這是一位有史以來最專業、最快速的武術家之一。即使你看過大量的對打影片，你仍然無法理解或記住李小龍的動作。他太快了。想要真正學會並理解他的動作，最好以慢動作觀看影片。這樣你才能看見動作細節，不至於錯過。在你學習和記憶新事物的時候，如果成效不佳，速度不要太快，相反地，你應該要用慢動作。

你不見得是在看影片，沒有關係。慢動作的意思只是要慢慢完成整個過程。例如閱讀時，請慢慢複習內容，仔細查看照片和圖表。或者在練習一種技術時，可以的話請慢慢進行，重點是精確地確定技術，而不是求快。

對自己重複說明

如果你覺得有人說得太快，你可以放慢動作，向自己重複一遍，同時也檢查是否正確。人們有時說話速度很快，如果你因此產生學習和記憶的問題，你可減緩節奏，暫停一下，把人們說的話自己再重複說一遍。無論訊息是關於一份清單或只是一般訊息，這樣做都很有用。如果人們因為你這樣做而不高興，你只需解釋，你在努力確保理解正確。有一些老師或已經理解某個主題的人，有時會忘記，學習新事物時，有時就像學習一門外語一樣，需要比較多的時間才能了解。有鑑於專業知識，他們才能面對重要的知識侃侃而談。重複他們所說的話，不要害怕這樣做會減緩他們的速度。

提出評論和問題，進一步釐清

如果你不想重複別人說過的話，不妨試試看，釐清自己對訊息的認識與了解。也就是說，你可以這樣問：「哦，所以你的意思是……」把不確定的部分，以自己了解的方式嘗試解說一遍，以確認自己究竟是否真的全部都懂了。你也可以直截了當地提出一個簡單的問題。這樣的策略會減緩速度，使你可以放慢腳步，緩一緩，仔細想一想，讓你有時間好好記憶，充分理解。

當有人在解釋複雜或困難的想法時，你不會想要犯下站在一旁發呆的錯誤。如果你聽不懂，不要讓對方繼續說下去。重要的是，你必須要發表評論或問問題，幫助確認自己跟上進度。有時，我們甚至在不知道自己有所誤解。透過不時的評論和提問，可確認自己是否真正理解，跟得上進度。

要求對方重複一遍，放慢速度

顯然的，你也可以簡單要求說話的人放慢速度。你可以讓他們知道這對你很重要，你希望確保自己理解他們所說的一切。這樣做應該可讓他們至少放慢一點。但是請了解，大多數人都有自己習慣的說話方式，所以如果對方說話速度又開始加快，你也可以再次要求對方放慢速度。

10 把事情切成幾大塊

正如前面已經討論過的，人類的記憶並非是無限的。我們一次所能理解的新訊息是有限的。目標要實際，不是試圖想要記住大量訊息，而是將訊息分解成小塊，更易於吸收。

荷蘭心理學家德葛魯特（Adriaan de Groot）對西洋棋專家和西洋棋愛好者，分別進行了一項研究。他要求兩組人員記憶在西洋棋典型比賽（*typical games*）中的各種西洋棋位置，但只給他們幾秒鐘的時間。由於對這些位置很熟悉，西洋棋專家記憶得非常清楚，但不熟悉西洋棋的人則表現不佳。

在後續由威廉・蔡斯（William Chase）和赫伯特・西蒙（Herbert Simon）所進行的一項研究中，隨機記錄專家和愛好者的下棋步驟。結果發現，專家在記住位置方面的表現，僅略高於非專家。這種情況之所以發生，公認為是因為，即使在隨機位置，偶爾也會出現一些熟悉的模式，專家自有優勢。

觀察專家如何記得比一般人要多，得到了一個重要結論，來自於認識到專家看到的是大塊。由於專家對賽局有較為深入的認識，所以他們可以記起幾個部分拼在一起，組成一個大塊。以另一種方式解釋。例如英文「The boy and the girl played together in the yard.」（男孩和女孩在院子裡一起玩）想要記住這個句子並不難，我們可將它視為一大塊訊息。仔細想想，這個句子是由十個英文字所組成，如果這十個字是隨機組成的，相信一般人都很難記得。此外，這句話一共有三十九個字母，我很確定大多數人都不能記得三十九個隨機的英文字母。

然而，如果訊息對我們是有意義的，便能夠看待這個訊息是一個單一的大塊。

基於這個原因，切勿不重視理解，以為它不如純粹的記憶來得重要，兩者都很重要。正如西洋棋專家在上述的研究中一樣，你理解得愈多，就能愈快在更短的時間內記憶更多的訊息。

先學習一大塊，然後另一塊，再一塊……

從前我上鋼琴課的時候，指導老師認為必須要先學一段（一大塊記憶），然後再學下面一段，如此循序漸進，一段段學習。他強調，在我完全學會一個段落之前，不可前進。

我接受了他的建議，透過這個過程，我學會如何快速記憶並彈奏整首樂曲。然而我也注意到，如果我試圖快速推進每一段，會變得根本無法記住。重要的是，必須按照指導老師所說的，一步一步、一段一段踏實地學習。

同樣的，在日常生活中，一次只關注一段訊息。如果你想要一次性全部吸收，結果只會讓訊息變成一團模糊的混亂，看起來毫無意義，很快就會忘記。我想到以食物來比擬，好比你不會想要一次把整份餐點全部吞下去，而是一口一口慢慢吃。同樣的，你不應該強迫自己接收太多訊息，如果沒辦法了解訊息的意義，以後可能一個都記不起來。

11 例行公事導致健忘

慣例是好的，對於生活中需要做的最重要的事，我們可以創造一種模式來處理它們。但事實證明，對於記憶來說，過多慣例反而可能是不好的。我們的慣例愈多，腦海中需要特別處理的事愈少，我們變得愈不去運用記憶力，我們的能力愈會被削弱。

嘗試新事物

我相信慣例具有很多力量，所以不建議你將生活中所有的慣例都消除。相反的，我要建議的是嘗試新事物。這個建議大家都聽過，它不僅可幫助你超越舒適區，還可以成為激發記憶力的好方法。當我們日復一日做著同樣的事，記憶會漸漸開始模糊起來。然而，當我們要開始一個新的設定，記憶會活化。如果你讓自己面對高度的新刺激，大腦會感受到即將需要記憶更多的事物。就最低限度而言，大腦會需要更加努力運作，嘗試記住新事物。然而，在熟悉和重複的環境中，心智會陷入停滯狀態，以為自己已經知道做事需要的所有方法，所以沒有必要去記住更多的事。

如果你想知道為何新事物會刺激記憶力，答案顯然與大自然的化學物質有關。例如，馬克・威廉博士（Dr. Mark Williams）在《今日心理學》（*Psychology Today*）期刊中的一篇文章〈改善記憶的具體方法〉（Specific Ways to Improve Your Memory）中指出：

> 創造新的體驗，可刺激我們的大腦，產生一種稱為腦源性神經營養因子（brain-derived neurotrophic factor）的物質BDNF。其他刺激產生BDNF的因素包括運動和服用薑黃素，咖哩中使用的印度香料薑黃，便含有薑黃素。BDNF對記憶至關重要，可幫助神經細胞生長和連結。阿茲海默症和亨丁頓舞蹈症患者的BDNF量較低，因此遺傳缺陷似乎會導致低量BDNF。刺激BDNF是支持我們維護記憶和改進策略的部分生化基礎。

如何才能真正刺激 BDNF 來改善我們的記憶？跟據威廉斯博士的研究，答案很簡單。嘗試新事物，或是也可以多做運動，吃含有薑黃的食物。

嘗試新事物的更多參與方式，是去新的地點旅行，或從事一種你從未嘗試過的新型態體驗，也許去電影院、音樂劇、博物館、音樂會或參加舞蹈課、武術課等，任何你以前未曾參加的全新體驗形式，都有幫助。

不過，如果你沒有時間也不感興趣，則無需邁出如此大的步伐。你可以不需要去嘗試新事物，只要簡單地做一些超出平時慣例的事。例如去一家新餐廳，看一部新電影，讀一本不同類型的書，與一段時間沒見過的老朋友聊聊天，試試新食譜等。只要超出你平常習慣做的事，它就是新的。

12 使用瘋狂或令人驚奇的圖像與動作

以瘋狂或令人驚奇的方式去想像，會使你更有可能真正記住。然後，如果把動作加入你的想像圖畫，在腦海中將它們轉換為一小段影片，可使你更加難以忘記。我們不容易記住太慣常的事，卻往往容易記住某些令人感到驚奇的事。

練習化平凡為不凡

假設我遇到一個人，她告訴我她的名字是米蘭達，她喜歡跑步，我會想要記住她會跑步，所以下次與她交談時我可以提這件事。為了記得牢，我想像她穿著像超級英雄漫畫裡的閃電俠一樣一身橘紅，胸前印有閃電標誌。順便提一下，閃電俠的超級速度，顯然會比射出的子彈跑得更快。基於這樣的知識，我還可以想像她跑得很快，快到變成擊出的子彈。相對於想像她穿著慢跑裝備在附近跑步的樣子，我出格想像的視覺效果非常具有戲劇性和不凡，所以更有可能會記得她。

當然，並非所有人都可以習慣這種視覺化的方式，因此你會需要一些練習。當有人說了一件你想要記得的事，或是讀到一些你想記得的事，請花點時間想像一下，把它變得瘋狂一些，再加上動作。創造圖像不需要花太多時間，主要的重點是要讓人感到驚奇，又能傳達你想要記住的事物。

13 內外在極簡斷捨離

降低混亂，往往意味著要記住的事物會變得比較少，有助你記住最重要的事。一般情況下，我們想不起來不是因為記憶力不好，而是因為環境因素，我們的內外在充斥了太多的人事物，太多想法。斷捨離有助心智大掃除，才能有記憶的空間。

避免垃圾訊息過多

你是否意識到每天有多少訊息湧入我們的頭腦？我不知道。我甚至不再注意電腦上是否有被強迫裝廣告，因為我的心智具有自動過濾功能，懂得忽略廣告。不過這是在電腦上，僅適用於有圖片連結的老式廣告，例如網路橫幅banner廣告。即便如此，廣告製作者逐年變得愈來愈狡猾。我在臉書上大部分時間已經愈來愈不能分辨普通發文和廣告之間的區別，除非上面有標明「廣告贊助」。對我來說，這些都屬於內容，只是有些有用，有些沒用。

不幸的是，我們所接觸到的很多內容（無論在線或離線）都是垃圾訊息，包括商業廣告、宣傳啟事、彈出窗口、垃圾郵件、謠言和八卦，還有其他一些不相干的內容。這些東西對我們的生活並不是特別重要，也沒有什麼關係，但卻會占據我們一部分的注意力和記憶力。無論我們是否注意到，垃圾訊息往往會吸乾我們的心智能量，耗盡我們的能力。基於這個原因，我們應該盡己所能，減少垃圾訊息，或排除在生活之外，這樣才有記憶空間為真正重要的事做準備。

避免內外在環境中有太多垃圾

有些人具有能力，可以處理生活中大量複雜的事物，並管理得井井有條。但如果你覺得身邊圍繞著太多垃圾，你再也記不起東西放在哪裡，似乎每個地方都有可能，這就表示是時候了，你應該要開始割捨多餘的東西。

將身邊的物質空間做一個大掃除，往往會連帶影響你的心智。混亂的空間會造就混亂的頭腦，清晰的空間則可以創造清晰的思路。這個要點並非是要嚴苛看待處於混亂狀態的人，因為有些研究結果是支持混亂空間有助於創造力的這個事實。但請記住，過度混亂還是會對記憶力產生負面影響。當一切簡單清楚、有條有理，會比混亂的時候容易記得住。

14 記憶你的筆記

在上課、參加講座或會議時，你會做筆記，結束時你可能會發現記了好多頁筆記，但在做筆記的時候你沒有時間將內容整理分類，所有的筆記都混雜在一起，甚至你可能都不確定重點在哪裡。然後，你的記憶還可能變得有點模糊，因為忙著記筆記，無法同時專心聽講。

在我們做筆記時，特別是參加課程或會議等有很多筆記要記的情況下，很容易被資料所淹沒。做筆記的當下，我們可能很難確定最重要必須記住的是什麼。但事情不見得像你想像的那麼困難。以下的技巧可幫助你記憶筆記。

在筆記中需採取行動的事項旁加上選取框

過去我經常遇到這樣的問題——當時我覺得自己的筆記太可怕，沒什麼幫助，而且我也沒有高超的組織統整力或記憶力來處理需要知道的事。你可以想像，這會讓人感到挫折，因為我覺得我浪費時間做的是沒有用的筆記。最重要的是，我的字跡潦亂，為了努力確保沒錯過任何重要的東西，我習慣寫得飛快。

後來我對一位高度邏輯化的電腦工程師談到這件事，他告訴我問題很簡單。他說，通常最重要的筆記，是你需要採取行動的部分，在這些筆記部分旁邊畫一些選取框（checkbox），就可以一目了然，知道實際上你需要做些什麼。可能是老闆要求你負責的事，可能是某件即將到期的工作，或是其他你所需要做的事。

有條有理的筆記，會讓你非常容易記得需要做什麼，不必之後辛辛苦苦一頁頁翻找閱讀。自從實行他的建議，開始繪製選取框之後，我發現自己的筆記、記憶力和理解品質都迅速大幅提升。

星號標記其他重要事項

關於不一定需要採取行動的其他重要事項呢？如果你發現一些非常重要的東西，你要確定自己會記住，我推薦雙星號方法。對於重要的說明，請在那一行文字旁邊畫一個星號。對於絕對必須知道的基本部分，可以畫上兩個星號。畫星號當然並非自動代表你就會記住，但這是一種很大的幫助，因為當你後來查閱筆記時，就可以特別注意重要部分的筆記。

選取框和雙星號法，兩者的重點是，你一邊記筆記，一邊在文字旁畫選取方框和星號，這很可能表示筆記之中有很多部分都不是特別重要。與其任由思路到處遊走，你必須專注，等到後來複習筆記的時候，馬上就可以知道你需要做的或最需要理解的，最重要的事是什麼。

15 當你在別人說話時突然放空，請回到原點

有時別人和我們說話，我們的思路會出去遊走。如果這種情形只發生幾秒鐘，通常很容易繼續回來接下去聽。但如果你在別人說話時放空，開始作白日夢，很可能會迷失方向，變得聽不懂對方在說的話。當發生這種情況時，別人說的話有很多你都記不得。以下是一些有助於避免這類型問題的祕訣。

回溯你所在的位置

當你在談話中突然出神，聽不懂對方在說什麼，你覺得繼續讓對方說下去，伸張信念，等一下你便能釐清對方在說什麼，這樣可能是個錯誤。讓對方繼續暢所欲言，結果

你很可能只是變得愈來愈聽不懂。

事實上，你應該立刻告訴對方聽不懂的部分，或者你可以簡單地請對方重新說明一次，你也可以請對方釐清你沒有聽懂的部分。如果你招認自己的注意力跑掉了，或者過去幾分鐘你出神了，沒聽見對方說什麼，人們可能會不高興，但如果你坐在那裡聽了十分鐘卻沒聽懂或記不得任何事，人們會更生氣。

類似的比喻就像你在某個地方迷路的情況。如果你迷了路卻不承認，還要繼續往前走，問題只會愈來愈糟糕。相反的，首先你必須承認迷路這件事，回到你迷路的位置，了解混亂究竟發生在何處，才能解決問題。

16 解釋和教導

關於一些資料，解釋和教導是重建記憶的好方法。基本上，這是一種與別人一起審視自己記憶的方式。除了有助記憶，我個人也有過一個經驗，當我在向別人解釋事物的同時，更達成了高度層級的理解，通常這種情形是發生在我得到新認知的時候，否則不會發生。

尋找教導或輔導對象

如果有一個人願意聆聽，對某個主題知道得也比你少一些，你可以嘗試向對方解釋。你可以自行實際嘗試這種做法，對著自己大聲解釋，或不出聲只是在心裡默念，只是和別人一起做這件事會比較有價值。

這是因為人們經常會提出問題，你也應該鼓勵人們提出問題。這些問題將測驗你的所學所知，並迫使你訓練記憶力。如果有任何你不確定如何回答的事，都能夠指出一個你必須多花時間學習和理解的領域。

CHAPTER 4

恢復「失去的」記憶

關於記憶一個有趣的面向是，你知道自己的腦中存在一些事物，很想要回想起來，但感覺就像失去了一樣。麻煩的是，你還記得自己知道這則訊息，你知道應該能夠想起來，因此更令人有挫折感。不幸的是，當這種情況發生時，我們大多數人都會產生挫折感，不確定該如何回想起我們的記憶。

有時，這些記憶有一天會突然自己冒出來。如果這個記憶位在你大腦的某處，你很努力尋找，然後你的潛意識可能還會持續搜尋這個失去的記憶。不過，這一章的重點並不在於如何運用潛意識喚醒你的記憶，或突然自己想起來，而是可以運用的確實方法和策略，提高恢復失去記憶的機率。

如果你的確有一些想要恢復的記憶，請記住這不是一件容易的事。你可以結合本章節所介紹的各種策略，而非某種單一策略，或許可達成最好的結果。

1 記憶的困難

這裡所要介紹的一個方法可能出乎你意料之外，你愈是努力尋找記憶，愈可能找回記憶。然後，如果你能夠找回某個記憶，以後也比較有可能一直記得。甚至如果你不記得你想要的是什麼，你所做過的努力還是能幫助你確立記憶的重要性，使你更有可能在日後回想起來。

不要輕易放棄

想要找回失去的記憶，你可能不到五分鐘熱度，很快就放棄。如果這個記憶對你而言很重要，請多花一點時間，多方嘗試回想。我注意到許多人都有一種習慣，就是聲稱自己很不擅長做什麼事。無論是記憶還是其他任何事，這樣做往往會形成一種提早放棄的循環，所以最後變得什麼事都沒辦法實現。這是因為人們已經期望自己做不到，所以放棄，不願付出太多努力，對自我造成破壞，終於導致失敗。確實的努力奮鬥，嘗試記住更長的時間，這是一種向自己證明你真的可以記住的方法。如果你這樣做，最後一定能夠提高記憶力。

我認識一些記憶力比較好的人，他們很願意付諸努力，並且歷經困難，真正用力回想自己的記憶，因此往往養成愈來愈深入搜尋的習慣，不願意放棄自己想要記住的東西。我經常會覺得這樣做事實上他們反而會因為太困難而不記得。

這些人對於自己想要找回記憶的需求，似乎比一般人過於偏執，意思是說他們會花費更多時間，試圖找回記憶。我曾聽過其中有人說，如果他們無法回想起某個記憶，就好像「一整天都會覺得不舒服」。我提到這一點是因為這些人在一天之中會三不五時不定期想到這個記憶，不會輕易放手，所以和容易放棄的人比較起來，他們更容易想起來某個記憶。

以為忘記，還是能夠想起

當我還是普渡大學本科生時，有一次參加一個書面論文考試，對其中的某些答案我不是很確定，但我盡己所能，非常致力於做到最好。首先，對於我確知答案的問題，我會盡力回答，其他不確定是否知道的問題，我會暫時跳過，等到所有確定知道的問題都答題完畢後，再回去思考那些跳過的問題。

一般而言，每逢考試我必定有充分的複習和準備，所以認為所有正確訊息都應該在我的腦海中。我想到自己有很多次都感到驚訝，發現自己愈是努力尋找答案，愈可能真正找到正確答案。

有很多的考試，一開始我覺得自己似乎不太確定是否知道答案，但是憑藉制度性的努力，最後我總會記起所需要的大部分資料。我相信，我們能夠記住的，遠遠超過我們所認為的能力，因為我在參加考試時多次親身獲得證明。

2 根據主題，搜尋記憶

我曾經和一位教授一起工作，如果偶爾出現問題，他會暫時停下來，說「稍待，我研究一下。」然後瞪著牆壁大概五到十秒，回想起他所需要的記憶，經過思慮，提出一些建議或回答問題。

他是一位極為聰明的教授，我可想像他的心智運作一如某種搜尋引擎，能夠找出所有需要的相關記憶。

他似乎能夠透過這種特殊的「搜尋」方式，隨心所欲找回任何記憶。

如果人人都可以這樣做？好吧，或許可以。我相信祕訣在於主題式搜尋，有助於防止我們找不到想要的記憶。

不是去回想你想要記得的事，而是主題

想要喚醒關於某件事的記憶通常很困難，無論你如何嘗試，總是想不起來。那麼更困難的是，我們又該如何找回那些似乎已經遺忘的記憶？我們要轉移注意力，不要試圖回想起來，而是要放在與記憶內容相關的主題上。這麼做似乎違反直覺，然而它卻非常有效。

舉例來說，最近我在很短的時間內看完《樂來越愛你》（*La La Land*）、《夜行動物》（*Nocturnal Animals*）和另一部想不起來的電影。我是和一位朋友一起去看的，經過一段時間，我們兩個都只記得其中的兩部，另一部是什麼，我們都想不起來了，所以我突然想到，與其努力回想那部電影，沒有任何真正的線索，也許我可以先想想電影的類型。如果我能想起正確的類型，也許有助於我想起看過的電影。

所以我在腦海裡想了一遍，浪漫、喜劇、恐怖……想到恐怖片，似乎是正確的類型，我很快就意識到那部看過的電影是《分裂》（*Split*），是一部恐怖電影。

下次你在回想某本書或電影等一些有不同分類的事物時，不妨試試這個方法，單純

地想想各種可能的類別。當你想到正確的類別，心中會豁然開朗，應該能夠輕鬆地回想起你想要的記憶。

請記住，如果你急著想要記起某些事物，但是連主題是什麼都想不起來時，可以隨時搜尋谷歌或維基百科，參考相關的主題／名稱／分類等。

3 尋找與記憶相關的音樂

在重要時刻播放的音樂，或以某種方式代表重要時期的音樂，往往會帶領著我們回到聽見音樂的當下與那段時間。它能為我們提供一種毫不費力回憶的強大能力。音樂本身就是一種強大的線索，可翻騰激起其他相關的記憶，即使你不希望想起來也不得不想起。

喚醒記憶的音樂

在成長過程中，我記得父親有時會說，聽六〇年代的歌曲會帶他回到當時的生活情景，激起洶湧的回憶。我感覺音樂喚醒他的不只是圖像，還有使他想起生活的完整模樣、大致的感覺等等。

當時我還是小孩，不太了解，但如今我比較能體會父親的意思。我很喜歡音樂，會到免費串流媒體音樂網站Spotify收聽各種音樂。有時，我會尋找在生命中不同階段所聽過的音樂團體。當然，傾聽那些音樂，確實讓我回到當時的情境，想起那時我在做什麼，在想什麼，我的感受，以及生活中的許多細節。

我建議你在生活中尋找一些過去常聽的音樂，聆聽這些音樂可幫助想起你以為已經遺失的記憶。

最近的發現告訴我們，音樂實際上比我們從前認為的更強大。例如，我最近看到一部引人入勝的影片，是關於一位罹患阿茲海默症的老男人，有人帶給他一些音樂，以幫助激發他的記憶。如果你有興趣，這部紀錄片名是《如夢幻音：沉睡的記憶》（*Alive Inside*），除了這位老人的故事，還包含了其他許多內容，不妨到Aliveinside.org和YouTube等網站搜尋觀賞。

在影片中，有一個名叫亨利的老人，他無法回答基本的「是」或「否」問題。他的外表大致看來沒有精神，反應遲鈍。然而，有人播放了他年輕時的音樂，他的眼睛隨即亮了起來。原本他看起來像似呈現休眠狀態，如今似乎徹底清醒，完全投入音樂，變得富有生氣。他應和著音樂，開始唱歌跳舞。在歌曲結束後，人們訪問他有關音樂和生活的種種。令人驚訝的是，他能順利地與人溝通，看來毫無窒礙，就像一個沒有記憶力問題的正常人一樣，只是一直沉睡在這個身體裡。音樂具有如此強大的效果，使老人想起自己是誰，覺得自己活著。

這並非是一件罕見的事件，如今已有許多生命受到音樂的重大影響。從《如夢幻音：沉睡的記憶》這部紀錄片，我們可看見，音樂幫助了許多失智症患者「活起來」，想起過去的事。

為什麼音樂能夠幫助我們回憶，即使對於患有失智症的人也一樣？已故的奧利弗．薩克斯醫師（Dr. Oliver Sacks）說，「音樂比任何其他刺激，都更能活化大腦的許多部分。」似乎音樂這種能夠同時活化大腦多重部分的能力，可不費吹灰之力幫助人們想起許多回憶。

如果音樂對失智症患者都有幫助，我相信對我們其他人來說，音樂也會是一個有用的記憶工具。

4 尋找與記憶相關的氣味

與音樂類似，我們已知氣味對記憶有強大的影響。無論是音樂或氣味，都可以產生一種「非自主性記憶」效應，不管我們是否想要，記憶都會湧現。有趣的是，我們經常都在努力回想，但音樂和氣味都可消除一些困難，讓記憶自然而然出現。

尋找失去的記憶

在馬塞爾．普魯斯特（Marcel Proust）小說《追憶似水年華》（*In Search of Lost Time*）中，有個角色聞到蘸過紅茶的瑪德琳蛋糕味道，霎時童年記憶栩栩如生地出現。記憶力正是構成此書大部分內容的源頭。當然，那只是一部小說，但氣味確實會對記憶產生強大的影響。

當你聞到某些東西時，會自動與當時正在發生的其他事連結在一起。你送給初戀情人（或有人送給你）一朵花的氣味，可能會永遠留在你身邊，每次在你聞到那種花的氣味，都會一再提醒你。如果你想要記起更多關於從前某個人的事，或許你可以找來他們的香水或古龍水，有助於激發你過去的記憶。

5 英文字母法

英文字母法最早是在我上一本書《創意思考》（*Idea Hacks*）中出現，用來協助創意的誕生。但很有趣的是，這個方法對於找回失去的記憶也很有幫助。現在讓我們一起來討論，如何運用這個方法恢復失去的記憶。

從字母A念到Z

如果你怎樣都想不起一個記憶，請從英文字母A開始逐一念到Z，念完所有字母，一邊念一邊想，看看是否能讓你想起某個英文字，可以激發你的記憶。例如，如果你不記得唐老鴨的英文名字（Donald Duck），你可以從字母A開始念，B、C然後D，念到D你可能會想起來這個名字。就算你想不起來D後面是什麼，全名是什麼，這個方法還是可以幫助你找到一些訊息，作為回憶的線索。

如果你只記得第一個字母，然後就卡住了，可以從A開始再念一次英文字母，猜測第二個字母是什麼。例如，如果你想要知道新加坡這個國家的英文怎麼拼，或許你還記得新加坡是S開頭的字，不過接下來第二個字母你就卡住了。這時你可以從頭開始再念一次所有的英文字母。

因為這個英文字第一個字母是子音，所以我們可以猜第二個字母可能是母音，所以接下來我們只要念母音即可，例如Sa、Se、Si……等，像這樣依序念下去，看看什麼樣的發音會引起你的注意，會愈來愈能夠接近正確的拼字，也許這樣便足以讓你想起新加坡的英文字是Singapore。如果還是想不起來，你可以繼續念第三個字母、第四個字母，依序回想，直到最後想出來整個字。我承認，這種方法的過程有時可能會很慢，但畢竟還是會比沒有方法的情況下快得多。（編註：上述方式適用於英文字，中文字可用注音符號嘗試看看。）

6 邏輯思維流

許多人可能不認為邏輯與記憶有很大關係，但我發現，如果你能依照邏輯推理事情可能發生的情況，或是不可能發生的情況，會有助於恢復記憶。相反的，這樣做也有助於排除一些不可能發生的事，使你更容易專注思考實際可能發生的事，有助你重建正確的記憶。

為了釐清事情的意義，你可以問自己一些簡單問題，例如：「這件事是否遵守基本規則，在這種情況下符合一般的預期？」或「這件事是否依照相關人員的想法？」如果某些事沒有意義，這就是一個強力的線索，表示你的回想可能並不正確。

回憶要有邏輯，專注有意義的事

假設你想要記起昨天的事。你記得從便利店開車回家，但卻記不得你實際在那裡買了什麼東西。然後你的思緒跳到那天稍早一些的時候，你還記得有一位重要的人物在生氣，嚷著說家裡少了好多必需品……洗髮精、牙膏、牙線等，所以根據邏輯推斷，你一定是去買這些東西。然後，當然，你的記憶回來了。是的，你去買這些東西，是因為你不希望這位重要的人物因少了東西而發脾氣。

這裡有一個運用邏輯思考尋找事物意義的例子。

你到一家餐廳去吃飯。通常你會先等待幾分鐘，等到有座位，服務生帶你到座位入坐，然後你點菜，他們送上餐點，吃完了問你要不要上甜點，最後你要付帳單。

依照這個順序，如果由於某種原因，你想起的事似乎不對，例如服務生帶你就坐之後立刻端上甜點，你就可以知道你的記憶似乎不太正確。所以，以這個例子來說，表示你的記憶出錯的機會相當大。

這個例子雖然似乎不太合理，但有時人們很容易把不同事件的記憶混淆在一起，導致這種不合邏輯的記憶。你可以運用邏輯推演糾正不合理的記憶，並繼續尋找合理的記憶。

思考的合理性，也可以讓你避免落入別人錯誤的記憶。有時人們的記憶會出錯。也許有人說了一個關於你的故事，但是重點卻說錯了。你當然很了解自己，所以你會注意到有人宣稱你做了一些你根本永遠不會做的事。

一個相當安全的例子是，如果你十年前就戒酒，再也不喝酒。有人說了一件事，說你最近聚會喝了很多伏特加，你馬上會知道他們說錯了，因為你已經很久不喝酒。在這種情況下，你很容易指出對方的記憶必定是錯誤的，因為它根本不合道理。

7 與老朋友聊天

一般認為記憶是個人內在的事物，就某種方式來說顯然如此。我們的記憶儲存在大腦中。然而，大腦與環境相互作用，形成了記憶。由於我們的日常環境一部分是屬於人際社交互動，因此可以知道，在進行人際互動時，我們與親朋好友共享的回憶，會在一種比較容易想起來的狀況。

與老朋友相聚

當你與一群老朋友相聚時，會開始想起大量的回憶。你會發現你所分享的主要是從前與朋友在一起的記憶，所以會不斷緬懷那些過去的經驗。有時，和一些在你人生中不同階段的朋友相聚，會產生類似音樂或氣味的效果，讓你會不由自主地回到當時的情境和氛圍中。

老朋友看到彼此的面孔，對回憶也有幫助，臉孔變成提示，讓你想起你們一起做的事。

共同重建記憶

朋友相聚，在團體中有些人可能會記住一些事，而你會記得其他一些事。當結合起來大家的回憶，會使得事件變得完整。記憶不僅是實際事件的心理圖像或影像，而且並不完美。相對的，記憶更像是事件的重建。

如果你看過犯罪事件的電視節目，在犯罪現場模擬重演整個案件，你的記憶比較像是事後的模擬重演，而不是原本所發生的事。記憶是根據個人自己的觀點所形成的，參考的是你過去的所有經歷，會透過你的信念、感受、理解程度等形成。任何人在回想一件事的時候，都是透過個人觀點和預期的鏡片。這就是為什麼兩個人或一群人對同一事件會形成不同的記憶。即使如此，一群人在一起也是很有趣的，因為你可以根據大家的記憶重建整個事件。

團體具有恢復失去記憶的能力，因為你可以想起任何一個細節，一個朋友可以想起另一個細節，另一個朋友可以想起又一個細節。這些細節結合起來，會形成一個大圖畫，以一種更具意義的方式重建你的記憶。當然，記憶的恢復與否，僅與你實際分享的記憶有關。

8 重溫過去的記憶

激發過去記憶的一種方法是，如果我們能夠回到過去，重新造訪曾經去過的那些地方。可以是過去住過的房子、上過的學校或只是去過的一個城市。我們或許無法回到過去，如果做不到，第二個最好的選擇，就是重新造訪我們過去經驗中的地點、事物和活動。

造訪好久不見的熟悉地方

作為一項練習，你可以回到童年時期的某個地方，嘗試喚醒長久埋葬的古老記憶。如果你無法回去，請在腦海中一遊，盡可能想像所有細節。當你這樣做，你會自動開始想像，描繪最後一次到那裡去的景象。你可能會想起當時在那裡的人、發生過的事、當地的活動或物品等。

如果你能夠造訪一個充滿昔日記憶的地方，你可能會想起上次在那裡的感受。或者你可能還記得當時你在做什麼，其他和你在一起的人等。當你環顧四周，可能會注意到許多事物與你上次在那裡的時候，是類似或相同的。如此一來會激起你的記憶力，幫助你想起過去的情景。

無論你找到的線索有多少，都有助於喚醒記憶。你可能會看見過去認識的人還在原來的地方工作。你可能會看見、聽見或聞到對你有重大意義的事物。你可以四處查看、探索，更有可能遇到一些觸發記憶的人事物，有助於恢復或重建一些舊有的記憶。

9 隨機觸發因子

有時候，無論你如何努力，你所追尋的記憶似乎都太過遙遠與模糊。你幾乎什麼都想不起來，感覺好像永遠喪失了一段記憶。可能發生這種情況的一個例子是作夢。如果沒有真實線索或觸發因子幫助建立記憶，那麼你唯一可以開始恢復記憶的方法就是利用隨機觸發因子。

隨機觸發因子的意思只是讓你隨機尋找一些想法，能夠有新的思考方向，協助觸發正確的記憶。最好的作法是透過特定網站或工具，設計一些隨機生成的圖片、圖標或文字。下面列出這些資源。

隨機文字或圖片生成器

你可以想像得到，使用隨機文字或圖片來幫助重新創建記憶，有時會令人厭倦。很明顯的，你會得到許多完全錯誤的建議。但是如果你真的無法在尋找某些記憶方面取得進展，那麼隨機觸發可能有助於提供最佳途徑。

以下是一些可以產生隨機想法的資源，有助你回想記憶：

- 隨機文字生成器：http://www.textfixer.com/tools/random-words.php
- 隨機文字／圖標生成器：http://ideagenerator.creativitygames.net/
- 故事情節想法生成器：http://writers-den.pantomimepony.co.uk/writers-plot-ideas.php
- 找事做想法生成器：http://random-idea.com/
- 隨機維基百科文章：https://en.wikipedia.org/wiki/Special:Random
- 隨機名言佳句生成器：https://www.miniwebtool.com/random-quote-generator/

閱讀或體驗廣泛的訊息

另一種有助恢復記憶，增加隨機線索輸入量的方法，是讓自己接觸更廣泛的訊息。有趣的是，你或許不想花太多時間在任何一種材料來源上，而是讓你的思想在各種主題之間遊走。例如，你可能要閱讀的是各種雜誌的文章標題，而不是仔細閱讀每篇文章。

事實上，我最近作了一個夢，醒過來時卻想不起來。早上稍後的時間，我讀到一篇文章，提到「腦震盪」這個詞，於是我想起來，我的夢事實上是關於我發現的一個小孩，我認為他有腦震盪，因為他很用力撞到頭。最後我想起關於夢的很多細節，只是因為遇見「腦震盪」這個詞，但如果沒看到這個詞，我不認為我能恢復記憶。當然，在一篇文章中讀到這個詞，部分是運氣，但也是因為我閱讀的文章和書籍屬於大範圍，看到這個詞的機率當然比較高。

10 相關背景脈絡

你努力想要記起來的事物，往往有許多相關的背景脈絡可提供線索，能確實幫助你回憶。我們很多人都把焦點直接放在想要記起來的事物，但過度關注模糊的記憶其實沒什麼意義。如果把焦點完全放在你想要記起來的事，卻沒有比較清楚，不妨改為查看事物的背景脈絡，以幫助重建這份記憶。

在其中細數相關事物

容易想起來的人，一般比較會對實際上想要記起來的事物內容、它們的相關背景脈絡，進行逐一回想、細數。如果有一天你去看了棒球比賽，晚上又去了電影院，但你不記得兩件事中間發生過什麼事，可以用一點時間在腦海裡回想棒球比賽的整個過程，看看是否有什麼東西會讓你回想起，後來你在做什麼。如果還是不確定，你可逐一搜尋到電影院看電影的記憶。

在細數相關事物的背景脈絡過程中，你可能會發現許多類型的線索。一個例子是你可能想起來，在棒球比賽和電影中間，你穿著不同的衣服，於是喚醒了記憶。事實上，你當時回家休息了一個小時，在兩場活動之間換過衣服。

是什麼、何時、何地、如何、是誰、原因是？

為了獲得完整的背景脈絡，如果你不確定要從哪裡開始著手，可以先簡單地略想一下這幾點：是什麼、何時、何地、如何、是誰、原因是？回答這類問題，將有助於你對事物情境的背景脈絡得到相當強烈的理解。了解背景脈絡以後，更有可能想起你想要回憶的內容。

舉個例子，你想不起來一位女性朋友的職業是什麼，所以你可以問自己，對方大部分時間都在做什麼。你知道她的工作地點嗎？或是你至少知道她工作的房屋建築是什麼類型？她怎麼去上班？她做這份工作有多久？她的老闆是誰？她為什麼要做那些事？回答所有這類問題，可幫助建立關於她工作的背景脈絡。你可能無法直接回答她的工作，但這樣做可幫助你拼好拼圖，釐清事情。

不可否認的，運用背景脈絡並不見得一定能讓你得到確切的答案。這麼做比較可能得到的結果是，有助於更接近正確答案。例如，也許當你想出關於上述所有關於朋友職業的問題答案時，你會認為她是一名護士，但事實證明她是醫院的行政助理。重點在於，透過重新建構出所有你想得出來的背景脈絡，能夠建立線索，能幫助你想起正確答案。但如果沒有，至少你會比一開始更接近正確答案。

11 搜尋網頁

這個技巧可說是最後的手段。不過讓我們面對現實吧，有時你能夠記住一些訊息，足夠你用Google去搜尋，可以搜尋出你想要記得的事物。如果你只是想要或需要快速想起來，不必辛苦努力想太久，搜尋Google網頁通常可以成為一個有用的工具，但不建議當作第一步，畢竟改善記憶力的方法還是要從練習和測驗著手。在推薦搜尋Google之前，我通常建議先運用其他技巧。

將線索和觸發因子輸入Google

做完一些上述提示的祕訣之後，你可能會得到許多線索和觸發因子，有助恢復記憶。然而，你也可能什麼都想不起來，你只想要記起來，就算要你「作弊」用Google達成目的也願意。

舉個例子，假設你想要記起來阿諾史瓦辛格的英文全名。你大致記得一些關於他的線索，例如，你知道他是電影《魔鬼終結者》演員，曾擔任美國加州州長。你可以用Google搜尋這些線索，便可能足以找到他的名字。

Google是一個非常龐大的資料庫，將想不起來的片段內容輸入網頁，進行搜尋，往往有助於找出記憶的位置。

12 避免失去重要的記憶

這個方法原本並不是為了找回失去的記憶，事實上是為了避免失去記憶，日後還要重新努力回憶。失去記憶，需要回憶，等於是在浪費時間。因此，對於一些重要的記憶，最好的處理辦法是一開始就避免忘記這些記憶。

某些類型的工作，需要同時管理多重任務和計畫。你要做一個計畫的工作，再做第二個計畫的工作，然後又要做第三個計畫的工作，以此類推。你可能會認為這樣做適得其反，所以覺得一次完成一個計畫比較容易。但在許多領域，例如商務人士、作者、接案人員、警察等，在不同階段同時執行多重計畫的工作人員，實際上相當普遍，屬於工作中不可缺少的一部分。

以下是幫助管理多重計畫，避免遺忘的關鍵提示。

勤做筆記，追蹤作業紀錄

同時處理太多不同階段的工作和任務，會造成一些問題，例如容易忘記工作執行的階段。如果你下有部屬，上有主管，必須擔任管理職責，那麼對於告知不同人員的事務，以及各人員的工作計畫執行階段，你的追蹤紀錄顯得更加重要。

例如，如果你已指示部屬去執行某些作業，你必須要記住，以便稍後檢查。即使你的記憶力相當好，你都記得，但每當重新回想上一次的工作進度，效率都會下降。花在記憶上的時間，都是可以拿來取得進步的時間。

請記住，每當你暫時放下某個工作計畫時，如果是幾天、幾週或更長時間以後才需要重新繼續工作，那麼寫下你暫離之際的工作計畫狀況，以及下一步需要做什麼，會很有益處，有助於節省大量時間和問題。

俗話說，「東西沒壞就不要修」。因此，如果管理許多不同計畫你都沒問題，也記得上次的工作進度，那麼你顯然沒有這方面的問題。但如果你的確發現自己在不同工作的轉換之間耗費許多時間，感到很挫折，這個簡單的祕訣將讓你毫不費力記住正確的位置。

我自己也用這個方法，覺得對降低挫折感有很大幫助。我會在不同計畫執行期間暫停的時候，寫下待辦事項清單，當日後需要重新執行時便可無縫接軌。我的待辦事項清單包括的不僅是需要做的事，還有當時各計畫在不同時段的最新執行狀況，以及計畫中我正在等待共同工作人員所要交付的任何事項。

CHAPTER 5

記憶的外部化

外部化記憶，指的是我們利用外部的設備協助記憶，這些記憶是存放在外部，不是在自己內部。這樣做的好處是，你可以在外部儲存更多的記憶，不必將這些記憶都儲存在大腦中。例如，電腦上的所有文件、手機上保存的電話號碼，都是外部記憶的一部分。但我們必須記住，這種形式的記憶不會太好，頂多只與我們的統整組織力一樣好。

本書大部分的內容都是關於練習和運用記憶，以改善記憶。我堅持一個原則，持續不斷地訓練我們的記憶，是至關重要的。我相信我們應該記得生命中一些重要的數字，要能夠懂得如何在心中進行基本的數學運算，不應該完全依賴外部記憶來儲存所有重要的記憶。科技失誤難免發生，這意味著記憶和訊息都可能喪失或受到破壞。因此，我們至少應該將重要的訊息儲存在個人記憶中，免於科技失誤問題的影響。

然而，在某些情況下，有些事非常重要，必須要記住，如果記不住，不但會發生不好的事，還可能會造成個人極大的不便。在這種情況下，我建議利用目前大多數人都擁有的科技設備，幫助儲存一些外部記憶。

外部記憶工具是很重要的，因為如果你想以實用的方法來記憶，如這本書所指出的重點，你不必要事事都靠自己的記憶去記住一切。例如，我認識的大多數人都不想花一整天的時間去記憶技術性文件，還不如記住你所需要知道和使用的重要事項更為實用。其餘的可以外部化，無須增添大腦負擔。

可以儲存在外部記憶的事物類型，是一些經常變化的訊息，對於你的日常生活並不重要的訊息，或是相當龐大的資訊。

經常變化的訊息，例如孩子的身高、體重。對日常生活不重要的訊息，可能是音速或光速。資訊量龐大的訊息，例如圓周率 π，π 事實上是無限的。滿足以上所有三個要求的例子，是電腦上的應用程式的服務條款。你可以逐一讀完並理解重點，但實際上不會記住。如果你想要保留服務條款，可以將它儲存在外部記憶中，一般不太有人會花大量時間將類似的事物儲存在個人記憶中。

1 保證記得「忘不掉的提示」

你知道什麼是令人忘不掉的提示嗎？什麼提示如此強大，絕對能夠幫助你回想起你真的想要記住的事物？這是一種能夠準確代表你想要回憶事物的提示。提示通常只是一個提醒的東西。所以，如果你在手指頭上綁一根繩子，這樣可能會提醒你必須要做某事，但繩子本身並沒有告訴你到底要做什麼事。繩子不是一種令人忘不掉的提示，因為你還是可能會忘記應該做什麼。

相對來說，一個令人忘不掉的提示，會準確告訴你究竟需要做什麼。如果有一個令人忘不掉的提示，基本上是不能忘記的，這對我們大多數人來說是個完美的結果。讓我們來看一些例子，找出這些令人忘不掉的提示。

不要丟掉完美的提示物

前陣子我發現牙線盒空了。當我要把牙線盒丟掉的時候，我突然發現，需要去商店買一盒新牙線，這種事正是大多數人都會忘記的事。我沒有扔掉空的「無用」牙線盒，反而決定把它放在附近，因而我不至於會忘記需要買新牙線。後來，我不是只把牙線盒留在浴室平時放置的位置，還把它帶到辦公室，白天大部分時間我都在這裡工作。牙線盒是一個令人忘不掉的完美提示，提示本身就已代表我想要記住的事物——記得買新的牙線盒。

當然，你也可以努力記住自己需要買牙線，或許會等到很久以後，當你發現自己有蛀牙或牙齒鬆動，是因為沒有用牙線仔細剔牙的關係。但對許多人來說，生活和工作上重要的事，還是比較喜歡用腦力。所以，牙線雖然重要，但畢竟只是瑣事，我寧願用腦力來做其他事。

放在明顯的地方

另一種令人忘不掉的提示形式，是用一張便條紙寫下你需要記住的事項，然後把它放在容易看見的地方。這樣你就不需要為了記住而特別去找這張紙條。在我不想堵塞記憶力的時候，我會把事情寫在便利貼上，通常是一些我需要做的事，但不需要馬上做。我寧願把注意力集中放在立刻要進行的任務上，所以如果我產生一些點子或想起其他需要完成的事，我就會把它們寫在便利貼上，然後繼續其他更需要做的重要任務。

最適合這種方式的事，就是每日待辦事項類型，因為這些事往往每天都會發生變化，寫下來更簡單，效果也更好，不須要真正去記住。由於經常變化，你總是要重新再記一次，這並不是記憶最實用的方法。如果要我記住某些事物，我會比較傾向去記憶不會改變的事物，例如一件實際的事實。當然，即使事實偶爾也會改變，我們以為自己很懂，但是因為科學和進步有時會證明一件事事實上是錯誤的。但一般來說，事實還是比一件待辦事項更不易變化。

這裡要講一個小故事。有一次我看到一位研究生，他必須參加一場非常重要的會議，所以要確保自己不會忘記。顯然的，他過去曾錯過一場重要的會議，所以他決定採取行動，以避免遺忘。他所做的是拿一張很大的便利貼，貼在電腦螢幕上，因為太大所以還遮住了一大塊螢幕。便利貼一直讓他覺得很煩（遮住螢幕），但他還是一直留著這張便利貼，因為煩到他根本忘不掉要參加會議的事。這個例子比較不尋常，不過至少這位研究生沒有錯過那場會議。

設鬧鐘

當你需要在特定時間內完成某些事，設鬧鐘可能會有幫助。如果你擔心可能會忘記鬧鐘響起的原因，你也可以用手機，許多鬧鐘程式可以設定響鈴同時告知你要記得的事。無論你是有一件很少發生的事要做，或擔心你會忘記，還是每隔一陣子你就要定期執行某件事，例如服用藥物，設置鬧鐘都可幫助你，確保你記得。很少發生的事容易忘記，因為我們通常不會做這件事。常見的事也容易忘記，因為我們常常做這件事，所以事情會失去重要性。

我相信鬧鐘，而不是相信有人可以提醒你。你想要別人來提醒你，通常這個人會忘記要提醒你，因為你想要他們記得的事，可能不是與他們自己非常相關。如果那件事不會影響他們的生活，他們就會更容易忘記。無論如何，我們還是應該對自己需要記住的事，負起個人的責任。

關於鬧鐘，另外有一件需要注意的事，就是你需要確保鬧鐘就在你身邊，以免當鬧鐘響起時你聽不到。例如，你的鬧鐘必須要在隨身攜帶的手錶或手機上。

拍照

對於諸如記住在停車場中的正確停放位置等類似的事，你可以將停放位置的標誌拍照。或是在你選購昂貴的商品時，例如大螢幕平板電視，你想要記錄型號，然後回家研究，以做出最佳選擇。這時你不會站在旁邊默記模型號碼，比較有意義的方法是，將想要購買的模型迅速拍照存檔，等一下便可仔細研究。

其他還有你可能會想拍照的時候，是看見某個景像，覺得以後你想要重新仔細欣賞。但是，除非你對於記住這個景象具有特殊需求，否則拍太多照片不見得對你的記憶力有益。美國康乃狄克州費爾菲爾德大學琳達韓克爾（Linda Henkel）博士發現，人們拍照愈多，實際上記得的往往愈少。她說：

「人們經常會不經思考迅速地拿出相機，捕捉片刻景象，結果反而錯過就在他們面前發生的事。」

我們似乎過度依賴相片幫助儲存記憶。此外，如果你心裡想的都是拍照，會變得不太關注周圍的實際情況，反而會因此降低整體的記憶力。所以我建議拍幾張風景優美的照片即可，重點在於專注享受當時的情景。

2 給自己發提醒的訊息

對許多人來說，向自己發送提醒訊息，可幫助記憶一些需要完成的重要事項。想要有效運用這個祕訣，其中一件事就是要了解你自己。如果你經常查看電子郵件或手機訊息，並且採取行動，這便是一種記住需要做什麼事的好方法。

發一則提醒的文字訊息或電子郵件給自己

這個方法很類似於寫便條紙給自己，但我認為還是有點不一樣，因為不同的方法適用於不同的人，最適合自己的方法才是成功的方法。

我們大多數人都在用電子郵件和智慧型手機，所以為什麼不利用這些現成工具呢？

這個方法更適用於一些想要記住的簡短內容。例如，如果你給自己發一則文字訊息，很顯然，你會馬上收到，因此，下次檢查手機時，你看到訊息就會想起要執行某項任務。訊息的作用類似於電子郵件。

以我來說，由於每天都會收到許多電子郵件，一般只會關注二十四小時內進來的郵件。因此，如果我給自己發送一則訊息，表示我計畫要在那段時間採取行動，以免發生被陸續進來的電子郵件擠到後面，產生被我忘記的風險。

另一種方法是將電子郵件或訊息同時也發給其他相關的人。這樣做有助於增強彼此的記憶力，你們雙方都不容易忘記。例如，如果你和友人要一起去旅行，你想要提醒自己不要忘記去搜尋一些最熱門的旅遊景點，你便可以向同行有人發送提醒的電子郵件，也可以發送給自己，以降低你們兩個人同時都忘記的機會。

3 記錄重要事件

如果沒有保持常常回頭檢查的習慣，那麼隨時間過去，事情很容易就會被忘記。運用本書中的策略，可幫助你訓練記憶力，但是希望幾週、幾個月甚至幾年後還能記住所有事情，本身就是不實際的。將你生活的某些部分實際記錄下來，還比較可能幫助記憶。你可能會希望記錄一些值得紀念的事，例如結婚、生小孩，或是夢想成真，有人僱用你做夢寐以求的工作。

重要的事做筆記（連線或離線）

在筆記本中做紀錄，是記住生活中所發生各種細節事項的好方法。隨著時間過去，很容易忘記日常生活的事，但用筆記本做紀錄可以保持記憶更長的時間。

我自己有一本記事手帳，但不是記錄每天發生的事，而是用來記錄正在學習的課程，或我認為可以做什麼改變來改善生活中一些事。我習慣記錄自己的思考過程，而不是記錄事件。這樣做很有趣，因為隨著時間過去，我可以看見自己的想法和理解力是否有改進。如果我在某些方面變得比較差，便可特別關注，努力進行改善。

關於生活中記憶的許多細節，我們可以承認其中許多將會隨著時間消失，其中有些部分我們可以努力去記錄保留。當然，你不僅可寫筆記，還可透過影像、照片或錄音來實現目標。當你以某種方式追蹤進度時，會找到某些模式，你會學習，有助避免重蹈覆轍。

4 約定和系統

有時，為了完成某些事，你需要採取許多步驟。也許你只需要偶爾進行一次這種行動，因此很容易忘記步驟，或是步驟的順序應該如何，當然還可能有更麻煩的事，但有一種方法可以幫助你克服這些問題。

建立約定和系統，作為一種提示，讓你能夠了解，提醒你如何處理這類事務。例如，事務可能包括你要繳的稅，搭乘飛機航班前要記住的事項，住在不同地區國家的家人，他們的電話區域代碼等。如果你將這些記憶外部化，便可做好準備，以備不時之需。

製作清單

運用外部記憶去記住你需要做的事，最簡單的方法是建立一份清單，將你所需要完成的事，按照步驟依序寫下。即使你具有非常好的記憶力，對於你很少執行的事，容易忘記步驟的事，如果做錯或忘記任何一個步驟都會造成重大問題的任務，最好還是能夠建立一份清單。否則，你可能每當有需要時都必須重新學習如何執行任務，不但效率低，也非常麻煩。或者更糟糕的是，萬一記錯了需要做的事，你還會有犯大錯的風險。

這個祕訣有一個技巧，就是要找出經常會造成你回想困難的任務類型。當你在努力記住一事時，你大感挫折，表示這很可能是一個需要建立清單的大任務。在你實際執行任務時，建立這些清單會比較容易。

如果你嘗試在其他時間製作清單，你可能會忘記一些關鍵步驟。然而隨著時間過去，你將學會分辨適合製作清單的任務類型，還能在任務變成令人沮喪的問題前，先建立清單。

請記住，最好要特別注意你要採取的步驟。例如，你的步驟之一是登錄很少使用的帳戶，所以最好是在這個步驟中一併寫下你的登錄帳號和密碼，否則，等到過一段時間你要嘗試登錄時，很可能已經忘了這個細節。你要很仔細，再小的步驟都要記得。我建議，需要完成的每個步驟，都要詳細列出。

5 網際網路

我們每天使用的最大外部記憶來源是網際網路本身。你可能並不認為網際網路是一種記憶，或許它不是你個人記憶的集合體，但如果你仔細想想，網際網路就是全人類記憶的集合體。這樣不是更好嗎？

維基百科

我們可用維基百科來回想幾乎任何主題、任何你需要了解的事。雖然有些人會疑惑，因為任何人都可以修改維基百科的內容，但實際上，上面的訊息通常都很準確。維基百科的最佳特色之一是內容總是不斷在更新。不過，變化的內容也會造成有些人的疑惑，但一如世界的變化和更新，我們所知道的訊息也是如此。維基百科隨時都在配合我們的新訊息，不斷更新。如果你知道可以隨時查閱維基百科，就不一定需要嘗試記住某個特定主題的所有內容。相反的，你可以運用維基百科作為參考資料，在需要使用或需要了解時可以做資料查詢。

搜尋網頁

每天都有很多網站被加入網際網路，我們沒辦法跟上網站增加的速度。你不必記住每件事的每個細節或事實，只要在需要回想或學習特定訊息時，可以隨時搜尋Google或其他網站。

請記住，如果你想要確定自己獲得最新訊息，以Google來說，隨時點入「設定」，然後選擇「進階搜尋」，在「然後依以下條件縮小搜尋範圍……」部分，找到「上次更新」，選擇僅查詢「過去二十四小時內」，或一週、一個月、一年。對於投資熱門股票建議等快速變化的訊息，你會想要利用此功能。

6 運用可搜尋系統

一個制度的巨大效益，能夠使你保持外部記憶，這個制度必須要是可搜尋的。這個意思是說，你可以快速搜尋想要檢索的確切訊息或記憶，就像你使用Google一樣。

透過一個可搜尋的制度，難以數計你可節省多少時間和精力。為了給你一個比較，想像一下，如果我要給你一本一千多頁的書，例如《戰爭與和平》，請你為我找出一句特定的名言佳句，會花很長的時間。大多數人可能會覺得受挫而放棄。另一方面，如果你有這本書的PDF或某種數位形式，只需讓電腦搜尋文件，便能在數秒鐘內完成。

外部儲存的記憶和訊息愈多，重點在於不僅要有統整組織力，還要能搜尋。

試試 Evernote

關於各種外部記憶的工具和程式，我高度推薦Evernote。這是一個免費應用程式，可運用雲端儲存來保存和整理筆記和隨手紀錄。這表示不管你放在哪裡的訊息都可以儲存，避免遺失。無論是否使用Evernote，這個特殊程式的一個主要優點是，你可以搜尋記憶。這是一個巨大的好處，因為這表示即使你的統整組織力不是最好的，仍然可以快速找到你的記憶。

「Ctrl + F」

無論你用的是Evernote、Microsoft Word檔案、PDF還是網際網路上的隨機網站，都可用Ctrl + F（同時在電腦鍵盤按下Ctrl和F）來搜尋你想要知道的訊息。

假設你用的是Evernote，還用它來寫日記，每天寫一頁，寫了十年。最後，你在Evernote上的個人生活紀錄約有三千六百五十頁。如果你想查看自己最快樂的日子，想要重新回憶，你可以逐頁搜尋所有輸入，但用Ctrl＋F來搜尋「快樂」或「高興」等字詞會更有效。以英文來說，可以只搜尋happy的happ，就可以找到與形容詞happy和名詞happiness相關的所有「快樂」的事。

最基本的是，在現在的數位時代，不需要花太多時間尋找記憶。請用可以立即為你搜尋到的服務。

CHAPTER 6

地理和旅行的記憶

這個章節比全書所有部分都要更特別，因為它不僅是關於一般的記憶類型，還特別是關於你到一個新地方旅行的記憶，甚至是在熟悉的城市中走新路線的記憶。

我想要在本書中加入這個章節的原因有二。一是我喜歡旅行，但關於地理和旅行的記憶對我來說是個弱區。但是，運用了這一章節的方法之後，我發現我對旅程的記憶力有了很大的提升。

本書包含這一章節的另一個原因是，我認為地理記憶非常重要。我偶爾會聽見有人在某個地方轉錯彎的故事，有些是在森林裡，有些則是在狂風暴雨中，他們完全失去方向，導致出現緊急狀況。結局有時會很悲慘，在最糟糕的情況下，人們甚至會喪生。迷路可能會產生很大的危險，但一般來說都會造成極大的不便。

我很清楚有很多人會說，用全球定位系統GPS就好，很簡單，為什麼還要找麻煩訓練地理記憶？GPS確實是一個有用的工具，我認為它對於尋找附近的餐廳、有趣的地點或幫助導航新路線非常有用。但是，當你走在一個令人興奮的新地方時，你會想要一直低頭看GPS嗎？我想你會比較喜歡看風景。而且，你的眼睛愈常盯住螢幕，看見的景象就愈少，愈不可能記住實際的周圍環境。

關於GPS，我要說一個相關的故事。我認識一個人在二線城市生活了三年，還是需要GPS才能到一些常去的地方，如商店、朋友家等。她是一個博士生，所以問題不是因為智力不足，只是她有一個過度依賴GPS的壞習慣，她從來沒有真正想要學習去記住這座城市。

現在，我將介紹你必須知道的兩個基本技巧。

旅行要在白天

當你到陌生地方旅行的時候，最好是在白天。晚上因為看不清楚，所以後來會想不起來，而且也可能會走到不安全的地方，令人擔心是否該停下來問路。當然，我們所要去的地方也可能是光線充足、人口稠密、夜晚相對安全的地區，但如果你不確定，就等於你要在那段時間冒險探索。

獨行或帶人

當你試圖建立記憶力，尋找方向時，不該獨自一人或帶領別人。如果你只是跟著別人走，很容易變得過於依賴別人的帶領，造成你的心智怠惰，更有可能忘記那個地區的路線概況。一開始的時候，我建議你獨行，等到建立了基本的自信，就可以從熟悉的領域開始帶領別人。在你獲得旅行的能力和信心之後，可以嘗試帶領別人前往你們都不熟悉的新路線。

1 關於尋找方向和旅行的一些基本事實

想要隨時清楚自己的方向，必須了解一些關於旅行的基本事實。當你能夠了解某些模式和趨勢，並具備導航的基本知識時，將有助你了解自己的位置，避免迷路。即使迷路，只要具備了這方面的知識，也能很快找到正確的道路。

地圖

我會建議儘快取得即將造訪地區的城區圖或市區圖，可幫助你認識這個地區。你可能會發現一些圖式，例如有些地區有較多商店或旅遊景點，有助於你計畫行程。

拿到地圖後，請先註記基本方位、重要地點、地圖比例以及所涵蓋的區域。這些是你查地圖必備的基本重點。

即使你不認為需要用到地圖，它也可以是一個有用的工具，以備不時之需，萬一迷路或失去方向，你都可以查看地圖找出所在位置，然後找到路徑，前往目的地。

為了釐清你所在的位置，在現實世界中搜尋附近的地標或主要街道，然後在地圖上指出來。當你找到一些地標或街道時，應該足以幫助你將地圖與正在尋找的方位重疊（例如，如果你要往北走，就把地圖往北拿）。這樣做便可以輕鬆找到想要去的附近地點。

如果你擔心自己的地圖辨識能力，我建議你先找出自己居住地區的地圖，在你出發前往新地方之前，先拿這份地圖作練習，從自己熟悉的地方開始探索。

基本方位

認識東西南北四個基本方位，將對你有很大的幫助。對於自己要前往哪個方向，回程又要往哪個方向，要是能先有概念，將有助你的旅程更輕鬆。認識基本方位的另一個關鍵原因是，它能使閱讀地圖變得更簡單。知道一切的位置都與其他位置有相對方位，知道了相對方位，一個位置的方位就不是隨機的，更容易理解。

還有太陽也是一個很重要的方位提示。太陽總是在東方升起，西方落下。夜晚沒有太陽的時候，學習記住一些重要星星的位置，如北斗星、北極星，可幫助你找到北方。此外，請記住，還有許多智慧手機裝有指南針應用程式。你也可以購買一個指南針，幫助你尋找方位。我建議指南針一定要有，不管是實體或程式，哪種都可以。如果你不知道該如何定位地圖，讓地圖朝向你要前往的方位，指南針會讓這件事變得比較容易，你只需把地圖上朝北的方向，轉往指南針上的北方（或是東西南北任一個方位），兩者重疊即可。

關於基本方位，你必須了解它有一個關鍵特徵，你只需要知道一個方位，其他三個方位就會自動歸位。每個人都知道，南方與北方相對，東方則與西方相對。但還要知道另一件事，如果你知道北方在哪裡，東方總是在北方向右轉九十度，西方也總是在北方向左轉九十度。如果你看見太陽正在東邊升起，那麼往左轉九十度就是北方。只要知道一個基本方位，就可以輕鬆找出所有方位了，不是嗎！

2 你的位置與重要地點的比較

最常見的重要地點是地標。你應該要隨時注意四周有無明顯地標，可用來幫助指引道路，地標可能是公園、圖書館、博物館，特別是高層建築、紀念碑、雕像、大教堂、噴泉，或名人、重要人物的住宅或建築物。地標是會引起你特別注意的地方。

無論你身在何處，都要隨時默記各地標的位置和相對方位。如果你很容易弄不清方向或迷路，請務必隨身攜帶地圖，看清楚各重點地區之間的相對位置。

記住你的出發位置

當你到達一個新地方時，應該要特別注意，當告別的時刻到來，你必須要能夠記住要如何離開。進入一個新地區通常很容易，沿路可能都有標誌，指引你到達想去的地方。但是到了離開的時候，需要往反向走，這時就不會有標誌沿路告訴你該怎麼走。如果連一個標誌都沒有，你至少應該還記得到達目標地點的道路，這樣一來，從同樣一條路徑往回走，就可以離開了。

即使你來的時候是搭乘公車，公車到站把你放下來，請記住下車的位置，這是很重要的。通常公車回程會在同樣的地點設站接客，因此你務必要好好記住下車的地點在哪裡。除了那個公車站以外，請找出附近一些明顯的地標或事物，記錄下來，以免你迷路了，向路人詢問公車站，結果附近卻有很多個公車站，還有好多線公車。這個出發點非常重要，如果你無法確信自己會記得如何回來，甚至可以拍一些這個地區的照片。在最糟情況下，你可以拿這些照片詢問路人是否知道如何到達照片中的位置。

其他重要地點和地標

如上所述，你心裡應該始終要能夠掌握一個新地區的出發點，因為最後你需要離開。但有時我們會離出發點愈來愈遠，因此一路上有必要去開發其他參考位置。當我和別人一起旅行時，通常大家都會很興高采烈地很想要認識這個新的地方，所以很容易在不知不覺當中就會走好幾里路，變得離出發點很遠。

但你很快就會發現已經走過許多小巷，也忘記了出發點。此時的重點是要建立新的參考點，然後記住這個新的地點，接下來才可以與其他位置做比較。

在旅途中，處處都是新地方，如果你不記得上一個已知地點的方位，就會一直迷路。如果你不明白此時此刻自己身在何處，或是和已知地點相對的位置，那麼你已經迷路了。事情就是這麼簡單。因此，旅行時，目標是避免這種情況發生。你的出發點是最重要的參考點，但隨著你漸漸熟悉新地方的過程中，建立更多參考點將會非常有幫助。

你需要定期停留在主要地區，例如某些地標，或有許多地標的地區，在心中建立這些地點的圖像。你還應該停下來思考這些地方與已經知道的其他主要地點或地標之間的相對位置。另外還可以注意的是，如果你在一個有很多地標的地方，請選擇特殊的地標作為參考點。你不能把所有地標都當作參考點，這代表你要記住所有地標，這樣做是錯誤的。

3 記住回程的路徑

我發現有些人會從一個方向看路，然後自動在心中建構這個地區的地圖，這樣在回程走反向的路程時，他們便可輕鬆找到正確的路。我不是這種人。當一條路往一個方向行走的時候與相反方向行走，對我來說看起來是不一樣的。當然，通常當你往一個方向走時，你會打算回程時沿同一條路的相反方向回到原點。因此在旅程中，必須要對同一條路的正反兩種方向都能有確實的認識。

回程時有什麼明顯地標？

稍後當你沿著路線返回時，周圍環境中是否有任何重點部分，會特別引起你的注意。首先，務必要注意路上的商店和建築物，或是轉彎處有什麼特別的東西。如果一路上都是直線，不必轉彎便可到達目的地，就沒有什麼值得特別記住的。但這種情況很少見。如果你不時要轉彎，必須特別注意轉彎處有什麼。記得要多多注意不常見的地方和商店，因為如果太常見，什麼地方都會看見，不會是有用的記憶輔助工具。

經過一趟又一趟旅程，你會開始了解自己最能記住哪些類型的細節。可能是轉角的商店、街道名稱或是地標等。如果你有什麼特殊專長，可以善加利用，特別注意這方面的事物。不過一般來說，你應該將注意力放在周圍環境中，看看自己是不是轉錯彎、走錯路，如果有錯，你會感覺這條路看起來很陌生。透過注意和建立記憶，你會知道接下來會有什麼，如果沒有出現的話，你便可知道自己走錯地方。

4 不斷變化的環境

如我們前面所確認的，你不該想要記住一切事物，這樣做只會適得其反。另外還有件你不該費心記住的事，就是周圍環境中經常會發生變化的事。這是因為一件事物如果這一刻是這樣，下一刻是那樣，會造成你的記憶混亂。你最好要能知道，有些事物就是會發生改變，這樣的事物就可以忽視，把焦點放在更穩定、更值得記住的事物上。

不要記憶會改變的事物

例如賣熱狗的流動攤販、路邊停放的藍色汽車、掛在晾衣繩上的衣服，這些事物往往會變化或移動。在一天之中，許多事物都會發生改變。因此，如果你選擇這種事物幫助你學習去記住一個新位置，當它發生變化或移動時，會造成你的困惑。另外還有一種不需要專注記憶的是人群。人群的聚集往往是因為聚會或某種大型集會，不過這些人很快就會離開或移動到其他地方，因此你不必把一群人當作一個地標，這對你的記憶力沒有幫助。

記憶永遠存在的事物

永久性的特質才是值得記憶的。例如，去新朋友家拜訪的時候，你記得經過一個有紅色警告閃光燈的十字路口。這件事不太可能突然發生變化或遷移，因此這是一個值得記住的特徵。或是路上經過一個區域，有各種樹木，其中有一棵柳樹看起來與其他樹木不同。柳樹具有獨特的垂枝，上面長著葉子，看起來與眾不同，特別顯眼。當然，樹木通常不會移動，也沒有理由認為這些樹木在短期內會被砍掉，因此這是一個值得記住的有用地標。

5 記憶稀有的事物

記憶一些具有罕見性質的事物，這種特質並不是那麼常見，無處不在。例如，你在一條馬路上看見一間社區的小型銀行，名稱很特別，這樣就比一條有星巴克的馬路更容易令人記住。如果你對一條馬路的印象是上面有星巴克，結果附近有幾條不同的馬路，上面都有星巴克，可能你會混淆。其他的例子還有，一些樓房牆壁上有獨特的彩繪壁畫，記得這些會比美國許多人家院子都有的衛星天線要有用。

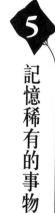

大致了解區域內的商店和連鎖餐廳

世界上許多地方如今都有星巴克、麥當勞，某些地區會有一些常見的便利商店、銀行和藥房等。我們經常可以在路上重複看見這些類型的地區，不過因為太過常見，用來當作記憶輔助可能是大錯特錯。某些地區有很多連鎖店，造成這個地區好幾條馬路上都可以看見類似的店面。如果你想要用這些常見的地標當作參考位置，只會混淆而已。

出門在外，你需要多注意四周是否有許多常見的共同特徵，還有什麼很少見的地區類型或事物，這是很重要的。你必須習慣新地方的組織架構，因為你在原來居住地的習慣或模式，可能與新的地方完全不同。在這個新的地方，對你來說奇怪和不同的事可能很常見。在一個新的地方，常見的事物對你來說可能是很少見的，對你原本習以為常的事物，在這裡也可能很少見。

能夠作為記憶輔助的事物，必須要是在新的地方不常見到的。至於是否在你原來居住地也很罕見，則無關緊要。請記住周圍環境的大致狀況。

少見的事要記住

如果一個地區有很多間商店外面都放著溜溜球，那麼另外有一間舊貨店，外面放的是一台裝飾性的老爺腳踏車，這間店就比放溜溜球的店家更令人難忘。或許一個地方有特殊的名稱，讓你特別注意，可能就值得記住。還有另一種少見的狀況，一個地方可能提供的功能或服務類型具有特殊性。例如你看到一家餐廳的菜單上只提供某種類型的食物，但非常受歡迎，顧客人山人海，因為不常見，似乎值得記住。

你要建立的記憶是關於這些具有獨特性的地區型態，或是某些獨特的性質，這些才是值得記憶的，因為當你想起這些特徵，就不會與其他地方混淆。

6 保持想要探索新地方的心態

當你剛開始認識一個新地方時，可能只知道某些區域。基於這個原因，到你所不知的地方探索更加重要，這樣一來就可以開始學習認識新地方。認識不同區域之間的相互關聯，好處不僅僅是為了建立新記憶，你會更有效率，對你的旅程也更有幫助。

到你所不熟悉的地方探索

到同一個地方，總是以相同的方式前進，這是錯誤的方法。例如，在拜訪新的城市、省區或國家時，你可以乘坐公車先到部分區域，然後到另一區域，再到另一個區域。在這個地方的不同區域停留，分別建立理解。

隨著你對新環境愈來愈熟悉，或許你可以開始到固定區域以外的地方，進行冒險和探索。

或許你已經熟悉各個不同區域，也對它們瞭如指掌，但你不知道它們之間的相互連接究竟如何。如果你堅持要一直停留在已知的熟悉區域內，結果可能會浪費很多時間去走一條不必要的較長路線，其實有另一條捷徑可以節省更多時間。

相反的，透過去到你所不熟悉的區域探索，將能擴展對這個區域的心智地圖。你需要保持專注，以確保自己記得所到過的任何新地方，以及它們如何與你熟悉的地方連結在一起。再次提醒，探索新區域最好是在天黑前。

尋找捷徑

在熟悉某個區域之後，此時正是嘗試走捷徑的好時機。你不該滿足於隨時總是走相同的路，而是該注意一些與你想去的地方似乎相連的路，即使你不熟悉這條路。當然，你需要學會辨識哪些路可能會是死路。

一般來說，如果道路很小，或兩邊沒有任何商店，或只是看起來像住宅區，那麼這條路可能就與其他區域沒有什麼通連。如果你擔心走到死路，可以用Google Maps等工具，協助查看路徑是否相連，不過也可以向路人尋求幫助。

7 這是什麼地方？

你曾經走過多少建築物或地方，不知道它們的目的是什麼。如果你住在一個城市，或造訪一個城市，很多建築物都會變得模糊，消失在背景中。但是請記住，記憶有一部分是基於理解。如果你不了解周圍地方的重要意義，那麼一切事物看來都不會有真正的模式或秩序。因此，你不會對這些地方留下美好的回憶。

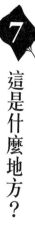

釐清一個地方的目的

當你經過各種類型的建築物時，如果你不知道它們的用途，請稍微放慢速度，嘗試搞清楚。例如，造訪墨西哥的美國人，可能會注意到一些名字有Banamex、Santander等的模式，但這些名字在美國沒有人認識，不過在墨西哥卻是隨處可見，因此了解這些建築物用來作什麼是有意義的。事實上，這些都是特定銀行的名稱。當然，如果你要前往一個新地方，最好能了解當地常見的建築物名稱，儘管這些名稱對你原來的居住地區來說可能並不常見。

請記住，各個地方都有一些名稱，乍聽之下無法令人了解它的意義。所以你可能會發現自己旅行來到一個有很多建築物的地方，但卻不知道它們的目的是什麼。即使你是在自己的家鄉行走，你也可能會感到迷茫，因為很多人從未真正停下來詢問建築物的用途。這可能看起來很愚蠢，但學習這些事物會為你提供額外的訊息，使你不太可能忘記某一棟建築物或位置。這樣可以幫助你記住附近區域的任何其他事物。只要簡單地選一棟建築物然後走進去，環顧四周，尋找說明這棟建築物用途的線索，也可以問問裡面的人。

8 感覺如何？

我們在旅行或做任何事時，通常會對所經歷的事物產生一種感覺，例如：好、壞、有趣、快樂、悲傷、多愁善感、精彩刺激等。我們會有許多的感覺和情緒，注意這些感受，有助於得到更多可以提醒記憶的事物。

已故詩人瑪雅．安吉洛（Maya Angelou）曾說過：「我知道，人們會忘記你所說的，人們會忘記你所做的，但人們永遠不會忘記你讓他們有什麼樣的感受。」

這句話通常為真，這句話顯示感覺對我們的記憶有多麼重要。我們習於記住對人事物的感受。

與感受保持聯繫

有些人對所經歷的大部分事物都有強烈的感受，這往往是一種可自動用於記憶地點或其他任何事物的工具。

由於他們非常能夠掌握自己的感受，往往能夠記住在某些時候的感受，以及讓他們有這種感受的原因。想要加以運用，成為記憶的提示，必須要多問問自己，你對事物的感受，還有原因是什麼。例如，旅途中你可以自問：「我對看到的事物有著什麼樣的感受？」

關於人們對於旅行的感受，這裡有一個例子，想像一下。當你經過一家商店時，看見精美的裝潢擺設，讓人大讚它們的工藝技術。接著你經過一條小巷，遇到一群大吼大叫的人，你可能會覺得很害怕。然後你看見一間冰淇淋店，你很開心，還進去買冰淇淋吃，品嘗甜蜜的滋味和愉悅的氣氛。

如果你平時不太能夠完全掌握自己的感受，不妨特別注意，幫助自己能夠更充分地感受，這有助於你的記憶。

修飾感受

如果你對周圍環境的感受通常比較溫和，可以在心中放大，輔助你的記憶。例如，如果你對黃色不是很喜歡，當你走在街上時，你看見一間黃色的房子，你可以告訴自己，你討厭這間房子的模樣，你可以想像一部推土機正在推倒房子。這種誇大當然只是為了輔助記憶，而不是你心中真正的願望。如果能產生生動或誇張的感覺，會比溫和的感覺讓人更容易記得。

9 花更多時間在主要中心區

在你的旅程中，偶爾你會在一個地方看見主要的中心區。我對這樣的地方並沒有一個確切的定義，因為所謂主要的中心區會根據目的地而有各種不同的特徵。但是可以先建立一個概念是，一個主要中心可能包含特別高大而重要的建築物，也是人潮聚集的地方，顯然還有更多的東西可以看、可以做和體驗。這樣的地方經常有許多道路交會，或是它的位置有許多路標的指向。在這些地方多花一點多時間，記憶細節，會有所回報。

在心中描繪景象

正如人們所說，「有圖有真相，一張圖勝過千言萬語。」在心中描繪一個地方的主要中心區、街道、地標、特殊位置等的圖像，對記憶力是有幫助的。停下來多花點時間，仔細觀察這些重要位置，而不僅僅把它們當成是一般地方一樣直接路過。記住這些位置特別重要，你必須思考它們如何連結其他你所熟悉的重要地標或位置。

記住進出中心區的路徑

在旅程中，偶爾你會發現一個主要的中心區，所有道路都會在這裡交會。例如，西班牙的太陽門廣場（Puerta del Sol）就是一個有許多道路集中的中心區，裡面有一個著名的熊和樹莓雕像。如果你喜歡冒險，每一條路你都會想要走走看，至少走一小段路，了解附近的情況。

探索中心區，將能幫助你進一步了解這個地區，建立你的記憶。

10 注意力集中向外，不要向內

為了記住新事物，請回想一下注意力的重要性。如果你對周圍環境不太注意，而是在想其他的事，那麼你可能只會記住你的想法，但不記得周圍環境。或者，如果你的注意力集中在談話上，沒有注意這個環境和新地方，也會有同樣的問題。因此，重要的是，你必須將注意力集中在周圍環境中想要記住的事物上。

注意自己說的話

如果是團體旅行，人類是社交動物，你可能會熱衷於和別人談論各種主題。但是，為了保持對風景、地點和周圍環境的注意，你會想要避免說太多話，或者至少避免過度參與深度的談話。就個人而言，我很難想像自己一方面在與人進行深入的談話，同時一方面又在摸索記憶一個不熟悉的新環境。我想很多人應該也跟我一樣。

當然，很多人都喜歡說話，而且在一個團體中，完全避免和別人說話也不容易。我的建議是，可將大部分談話的主題都圍繞在環境、風景、印象和感受上，談話內容大部分要連結你正在經驗的事物。重點是盡量避免一些會帶你脫離當下體驗和感受的談話方向。這麼做，在一天結束時，你會記得較多的經驗。

11 心中有備案

這是一本關於記憶的書，但考慮到我們正在談論造訪新地方的事，我覺得你的計畫必須要有備案，以免在你尋找目的地的時候，萬一迷路了怎麼辦。沒有人想要迷路，我們也沒有人計畫要迷路，但這仍是一種可能性，與其如此不如預先做好準備。如果發生這種情況，以下是可幫助你的方式和資源。

電話

你應該隨身攜帶電話，必要時可以打電話給和你一起旅行的人。當然，請確定自己記得他們的電話號碼。他們很可能可以幫助你找到方向。請記住，如果他們有電腦和網際網路，可以在你與他們講電話時，用GPS幫助進行導航。

你還應該做好準備，以防手機電池耗盡電量。最好的方法是在心中記住幾個人的電話號碼，這樣即使你的手機沒電，也可以借用別人的手機或公用電話。

你還可以記住所在地區的警察局電話。如果時間太晚，你感到不安全，或許可以求助警察幫助你到達目的地。此外，計程車的服務電話也會有所幫助，他們比較有辦法知道你在哪裡，過去接你回去。當然，你要準備一些現金來支付服務費用。

GPS全球定位系統

雖然GPS是一個重要的工具，但我也認為重要的是不要太過依賴。如果每次你離開一棟建築物去某個地方，你都拿出GPS，你的導航技巧永遠不會改善。對於一般用途，我認為運用GPS幫助你顯示一些想要知道的地方是很好的。但我不會經常依賴它。你可用GPS查看如何到達某個地方，然後再把GPS關掉，測驗自己的記憶，嘗試在不看GPS螢幕的情況下到達目的地。

當然，你還是可能會迷路，不記得如何回到熟悉的地方。在這種情況下，最有效的方法就是使用GPS。

指南針和地圖

另外要提醒你的是，你應該隨身帶著一份實體地圖和指南針，以防GPS或手機電池耗盡、故障。如果你知道目的地大致的方向，指南針會很有幫助。

如果你迷路了，地圖理應很有用，但當然你需要先能夠在地圖上找到自己的位置，才會有所幫助。不過，我認識的每個人，還有我自己，大家都是屬於忘記帶地圖上路旅行的類型。幸運的是，即使你忘記，通常在便利商店就能買到。

向路人求助

當然，你可以隨時停下來，向路人尋求幫助。根據我的經驗，這會造成非常複雜的結果，需要謹慎一些。人們通常願意提供幫助，但問題是，雖然他們無意，但卻容易導致你走到錯誤的方向。如果路人非常了解這個地區，對他們來說，一切標誌都很明顯，由於事情很明顯，他們常常忘記說明某些細節。所以他們可能會忘記告訴你一件非常重要的事，因為對他們來說太過明顯。例如，他們可能會說，你需要右轉過橋，但他們沒有說的是，想要上橋，事實上你需要向左轉繞一圈才能右轉。

即使你問的路人不甚了解這個地區，也可能會嘗試提供幫助。問題是，因為他們不是很了解，告訴你的可能有錯，讓你迷路的情形變得更嚴重。

如果你真的很需要問路，請多詢問幾個人，不要只問一個人。當你覺得距離目的地愈來愈近時，請繼續詢問路人，你要去的地方是否在附近。不要過分依賴單獨一個路人的指示，指錯路的情形總是層出不窮。

此外，你要去的目的地附近是否有大型地標，對你也會有幫助。也許你去的地方只是一間小旅館，大多數當地人都不知道。但如果旅館毗鄰主要地標，大多數人應該都能告訴你大方向怎麼走。

CHAPTER 7

結論性思考

「記憶訓練不只是為了在派對表演，而是關於培養人類一些深刻而基本的東西。」——喬許．佛爾（Joshua Foer），二〇〇六年美國記憶大賽冠軍

在這個章節，我們要來簡要回顧本書中一些最重要的觀點，這些要點我希望你能夠帶著走。當然，如果你想要隨時能夠運用書中一些特定的方法，我建議你再回來重新查閱這本書。

1 努力維持身心健康

在本書的開頭，我提到自己一度有注意力、睡眠、飲食和壓力的問題。我相信頭腦必須要清晰，你才能關注新事物，進而建立記憶。

由於這部分的問題太多，改善記憶的策略效果有限。如果你認為妨礙你的是這些類型的問題，你可以隨時努力改進。如果問題過於嚴重，請去諮詢專業人士，以獲得額外協助。

你也需要有適當的飲食，因為你是由吃進身體的食物所組成的。我沒有資格提供營養或飲食建議，只是要提醒你，吃下去的許多食物都會影響大腦功能。其他影響你整體健康的事物也很重要，如果你不健康，思考就沒辦法專心集中，你會容易分心。

有鑑於此，我很清楚你會需要營養充足的健康飲食。

以我個人而言，我努力多吃天然食物、水果和蔬菜，減少垃圾或加工食品，減少糖分攝取。如果你擔心自己的飲食習慣會造成記憶力的影響，我建議你向醫師或營養師進行諮詢。

2 在你怪罪記憶之前……

許多年前，當時我的記憶力很差，我花了一段時間才了解，事實上並不是記憶力的問題，有嚴重問題的是我的注意力。缺乏注意力，你將無法建立強大的新記憶。

注意力非常重要，但事實證明，為了建立強大的記憶，你需要具備四件事：注意力、意圖、組織統整力和理解力。

注意力讓你可以專注在事物上，充分進行體驗。如果你的想法跑到其他地方，你就沒辦法真正記住，因為你不曾有過充分的體驗。

意圖是你想要記住的企圖心。你決定一些事物很重要，你必須要記住。我們被無數的訊息所包圍，如果沒有記住某些事物的意圖，你很可能會忘記，或者甚至不曾有過充分的體驗和參與。

透過組織統整力，你對訊息可產生一種組織架構，使你可以記住。沒有組織統整力，你將缺乏理解，最後導致訊息容易被遺忘。

組織統整力經常會幫助你建立一種更高程度的理解。經過理解，你可以更容易在舊記憶之上建立新記憶。缺乏理解意味著所有新訊息都無法與其他事物配合，造成記憶變得更困難。

3 用自己的大腦記憶很重要嗎？

這可能看起來像個傻問題，但我們生活在一個時代，可以利用外部記憶記住事物，而不將它們儲存在大腦中。根據實用性，訊息是否在你的電腦中，還是在你的大腦中，都可在兩秒內檢索，沒有區別。你必須決定什麼是值得儲存在大腦中，而什麼可以儲存在外部。

如果我們說的是與工作相關的記憶，是你受到期待應該要知道的事，那麼沒錯，你需要用自己的大腦來記憶。如果我們說的是必須每年依照慣例要處理一次經常會忘記的事，那麼我不認為你需要給自己壓力必須記住。也許製作一份如何做好這個例行公事的工作單會比較適合你，將記憶外化。在實用的世界中，你應該問自己，是否用自己的大腦記憶是很重要的？如果不是，請給自己一個休息空間，利用外部工具儲存記憶。

4 專注於個人弱點和最大問題

你不需要有完美的記憶，況且也沒有這樣的東西。我相信在記憶方面，你希望能在各方面不同的領域都表現良好。某些方面你的記憶可能比其他人更好。當你集中注意力，你最該關注的就是問題出現最多的領域，然後去強化這些弱點。

我的弱點之一是導航找地方和旅行的記憶，造成這種情況部分原因是我的思緒總是會被其他事物分心。我必須要做的就是專注於周圍環境。

請記住，在過去某一個時間點上，本書中的大多數記憶祕訣甚至對作者本人來說，都是陌生的。當時有一件事幫助了我，那就是有一位朋友指出我在熟悉一個地點時所出現的一個大問題。他說，我想要記住所有的事，這是大錯特錯，我需要的只是記住某些關鍵位置。

知道要記住什麼，比實際上有沒有更好的記憶更重要。了解主要弱點，努力強化，立刻有助提高我對記憶位置的能力。

當你記憶力有很大的弱點時，容易因壓力負載而超出負荷，對記憶力是有害的。如果你發現自己因弱點而不堪重負，我建議要先預習、事先準備，意思是說，要讓自己主動提早接觸想要記住的事物。

如果你想記住教授的授課，請在課堂前預習書中的資料。此外，對於你的弱區，應該要在學習後花點時間回顧那些記憶，以確保你的長期記憶。例如，如果你剛從一個新城市歸來沒多久，可花點時間在心中回顧這份記憶。

5 深入挖掘

如果你真的想要記起一些事，不要輕易放棄。

我發現一些記憶力傑出的人，他們共同具有一種模式。你可能會以為他們的記憶力超好，所以不會有想不起來的時候，因為對他們來說太簡單了。但是，我注意到他們確實和其他人一樣，也有想不起來的時候。

事實上，我認為他們比一般人強的地方在於——他們會更努力去做回想。當想不起來某些事物時，他們不會放棄，而是堅持繼續回想、搜尋，直到想出來為止。此外，他們很少依靠Google或其他工具「走捷徑」，藉此找到心中所想的事。

另一個我注意到的趣事是，如果他們有什麼想不起來的事，那件事會一直干擾、糾纏他們，這可能是他們不得不迫使自己繼續搜尋記憶的緣故，因為唯有如此才能緩解他們的緊張。

的確，我們經常會忘記某些事，但一部分的問題在於我們並沒有努力尋找記憶。也許我們只是假設自己已經忘記，但實際上它仍然存在於心中某個地方，只是埋藏在深處。

我相信，如果我們努力深入挖掘，都將會在心中發現更多的記憶，比我們實際上以為自己所擁有的要多得多。

6 了解你的極限

有些人天生可以在極短時間內處理大量訊息。如果你做不到，請別擔心。將記憶力最大化的方法，就是了解你的極限。如果你在嘗試記住超過一定量的訊息時會開始感到頭暈眼花，那麼也許你應該在發生這種情況時先計畫休息一下。

對考試的填鴨式記憶，或許在短期內是有用的，但從長期來看卻是很可怕的。如果某一天你運用了大量的記憶力，卻超過某一限度後，請給自己一個休息時間。有時，如果訊息很多，你無法放慢速度或休息一下，最好的方法就是先確定事情的輕重緩急，哪一個是最重要的事，便把記憶力投注在上面，先不要去管其他的事。

7 回顧你的記憶

無論想得起來還是想不起來，我們許多人可能都以為記憶是一種開關。但這麼說並不全然正確。

對於穩固建立的長期記憶，確實可以開啟或關閉。然而，你的短中期記憶更像是灰色區域，如果不以某些方式運用或複習，很可能就會失去。因此，如果一個記憶對你來說非常重要，務必要付出迫切的關注，不要以為這次能夠想起來，就表示記憶已經永久儲存了。首先你應確定哪些記憶是重要的，接下來運用下列方式複習、回想，以便建造一條通往這些記憶的永久通道。

一些複習、回想記憶的最佳方式包括有：自我測驗，教導別人你所學到的事物，組織和重組訊息，回顧從前記錄的想法或日記。你可以在心中細數回想，也可以用實體代表物來幫助提醒你一些事物。

例如，我會將讀過的書籍寫成筆記，所以我記得較為詳盡的內容。但我不只是記筆記，記過便忘記，還會偶爾刻意花一些時間復習筆記。這有助於確定我能夠從讀過的書中保有最重要的知識。如果沒有透過這樣做筆記、複習，長期來說會很容易忘記一本書。

8 研究日常生活記憶力很強的人

也許你在想「我在本書學到了一些有用的東西，接下來要如何繼續學習更多實用記憶技巧？」我會告訴你，在創作這本書時我所做的就是，我一直在關注記憶力很好的人，看他們平時都是在做什麼。如果你遇到有人的記憶力令人印象深刻，你可以向他們請教。不過對於這樣的回答「我不知道，我只是記得住」要有準備。

現實情況是，想要了解人們如何記憶，你需要深入挖掘。你可能需要問他們的過程是什麼。你可能需要問他們會特別注意什麼。但即使他們有什麼不一樣的行動，還是有很多不知不覺的人，沒想過自己擅長什麼，不擅長什麼。請你注意他們注意的是什麼，他們所採取的行動是什麼，以及他們提出的問題是什麼。透過這一切，你可以學習到一些實用記憶的新原則，在生活中發揮應用。

9 創造你想要記住的生活

寫這本書時，我一直在思考很多關於記憶的事。我最後了解，我們應該致力於為自己創造一種生活，這種生活是我們希望記住的。

回顧重點記憶很重要，因為這樣做會使你不得不去面對自己生活中的所作所為。如果你對自己獲得的成就感到不滿意，那麼記住這一點仍然很重要，因為你可以開始改變一切來改變未來。

如果你過著不快樂的生活，連記都不想記，根本不願去想，那麼你很可能會持續走這條相同的道路，你的生活還是不會快樂。

我們的生活不應該否認過去的記憶，而是應該定期回顧，以便能夠評估並改善未來的記憶。

展望未來，請記住——今日所採取的行動，將會成為明日的回憶。現在所發生的一切，日後有一天你都會回顧。

你會覺得這些回憶很快樂嗎？如果不是，請採取行動，積極改變。

感謝

感謝你抽出寶貴時間來閱讀《極簡實用記憶》這本書。我希望你發現這些訊息很有用。請記住，學習過程有一個關鍵，就是要將閱讀的內容付諸實踐。

在結束之前，我想邀請你下載另一本書《學習動起來：學習任何科目的免費工具》（*Step Up Your Learning: Free Tools to Learn Almost Anything*），這本書是免費的。你所需要做的就是在網路瀏覽器中輸入以下連結：

http://mentalmax.net/EN

如果你對本書有任何問題、意見或回饋，可以寄信給我，我會盡快回覆，email主旨請在前面放本書英文書名，然後寫你的問題。我的E-mail是：

ic.robledo@mentalmax.net

你學會什麼新的東西嗎？

如果你覺得這本書中很有價值，請到英文亞馬遜上發表你的意見，讓我能夠專心寫作更多精彩的書籍。留言或許簡短，即使只有一兩句話，也對我有幫助。

請連結以下amazon.com的《極簡實用記憶》（英文版）網址，留言支持作者（須登入）：

https://amzn.to/2WYlumz

邀請您加入Master Your Mind (with I. C. Robledo)（「掌握你的心智」臉書FB社團）。

我在臉書上建立了一個社團，在裡面分享掌握思想過程中的建議和技巧。無論你是想成為更好的學習者，提高自己的創造力，學習專注等各種目標，都可以在這個社團中找到有用的訊息和支持團體。我希望你一起來加入，共同將心智提升到更高的境界。網址：mentalmax.net/FB

I.C. Robledo的著作：

Smart Life Book Bundle (Books 1-6)

The Intellectual Toolkit of Geniuses

Master Your Focus

The Smart Habit Guide

No One Ever Taught Me How to Learn

55 Smart Apps to Level Up Your Brain

Ready, Set, Change

The Secret Principles of Genius

Idea Hacks

極簡實用記憶：從大腦簡單練習開始，讓你記更多，忘更少！/ 羅布列 (I. C. Robledo) 作；鹿憶之譯 . -- 初版 . -- 臺北市：時報文化，2019.09
面；　公分 . -- (人生顧問；376)
譯自：Practical memory : a simple guide to help you remember more & forget less in your everyday life
ISBN 978-957-13-7919-7(平裝)
1. 記憶 2. 學習方法
176.33　　108013098

Translated from: PRACTICAL MEMORY

ISBN 978-957-13-7919-7

Printed in Taiwan.

人生顧問 376

極簡實用記憶：從大腦簡單練習開始，讓你記更多，忘更少！

Practical Memory：A Simple Guide to Help You Remember More & Forget Less in Your Everyday Life

作者　羅布列（I.C. Robledo）｜**譯者**　鹿憶之｜**主編**　李筱婷｜**編輯**　謝翠鈺｜**校對**　楊凱雯｜**行銷企劃**　藍秋惠｜**封面設計**　陳文德｜**美術編輯**　SHRTING WU｜**董事長**　趙政岷｜**出版者**　時報文化出版企業股份有限公司　10803 台北市和平西路三段 240 號 7 樓　**發行專線**—(02)2306-6842　**讀者服務專線**—0800-231-705・(02)2304-7103　**讀者服務傳真**—(02)2304-6858　**郵撥**—19344724 時報文化出版公司　**信箱**—台北郵政 79-99 信箱　**時報悅讀網**—http://www.readingtimes.com.tw｜**法律顧問**　理律法律事務所　陳長文律師、李念祖律師｜**印刷**　盈昌印刷有限公司｜**初版一刷**　2019 年 9 月 6 日｜**定價**　新台幣 330 元｜缺頁或破損的書，請寄回更換

時報文化出版公司成立於 1975 年，並於 1999 年股票上櫃公開發行，
於 2008 年脫離中時集團非屬旺中，以「尊重智慧與創意的文化事業」為信念。